알고리즘의 블랙박스

BOOK
JOURNALISM

알고리즘의 블랙박스

발행일 ; 제1판 제1쇄 2021년 11월 29일
지은이 ; 오세욱 발행인 · 편집인 ; 이연대
CCO ; 신기주 프린트 디렉터 ; 전찬우 에디터 ; 이현구
제작 ; 강민기 디자인 ; 유덕규 지원 ; 유지혜 고문 ; 손현우
펴낸곳 ; ㈜스리체어스 _ 서울시 중구 한강대로 416 13층
전화 ; 02 396 6266 팩스 ; 070 8627 6266
이메일 ; hello@bookjournalism.com
홈페이지 ; www.bookjournalism.com
출판등록 ; 2014년 6월 25일 제300 2014 81호
ISBN ; 979 11 91652 40 6 03300

이 책은 "오세욱 (2018). 알고리즘화(Algorithmification): 미디어의 핵심 논리로서 알고리즘. 〈언론정보연구〉 55권, 2호. 74-111쪽."과 "오세욱 (2020). 자동화 결과물이 드러내는 편향에 대한 대응 방안으로서 저널리즘의 역할에 대한 탐색적 연구. 〈커뮤니케이션이론〉 16권 3호. 5-50쪽." 내용을 수정 및 보완하여 작성한 것이다. 출판을 허락해 주신 편집위원회에 감사의 말을 드린다.

BOOK
JOURNALISM

알고리즘의 블랙박스

오세욱

: 알고리즘은 단지 절차에 따른 코드의 집합이 아니다. 사회적으로 구성되고 제도적으로 운영되는 체제다. 우리는 지금 알고리즘화된 미디어 환경 속에서 알고리즘의 논리와 공생하고 있다. 여전히 그 논리는 쉽게 보이지 않는다. 블랙박스화되어 있기 때문이다. 우리가 볼 수 있는 것은 그 결과뿐이다. 따라서 그 결과가 사회 문화적으로 정당한지에 관해 물어볼 수 있어야 한다.

---------------------------------- **차례**

1   자동화 시대와 미디어

마스터 알고리즘은 가능할까

미국 워싱턴대학교의 페드로 도밍고스Pedro Domingos 컴퓨터 공학과 교수는 '마스터 알고리즘the master algorithm'이 존재할 것이라고 말한다. 데이터를 학습함으로써 모든 자동화의 방식을 마스터 알고리즘 하나로 끌어낼 수 있다는 주장이다.[1] 컴퓨터는 트랜지스터transistor라고 불리는 수많은 소형 스위치로 구성된다. 컴퓨터의 기본 논리는 이진법에 기초하고 있는데, 그 이진법은 이 스위치의 켜고 끔이다. 스위치가 꺼지면 '0', 켜지면 '1'과 같은 식으로 신호를 처리한다. 이러한 스위치는 1초 동안에 수십억 번 켜지고 꺼진다. 각 스위치들의 점멸은 다른 스위치들의 점멸과 복합적으로 작동한다. 하나의 알고리즘은 이러한 스위치들이 조합되어 만들어진다. 그렇게 만들어진 알고리즘은 또 하나의 스위치 조합처럼 다른 알고리즘과 복합적으로 작동한다. 여러 알고리즘이 각 알고리즘의 결과물을 결합하면서 새로운 결과를 만들어 내고, 이 새로운 결과를 다른 많은 알고리즘이 다시 사용한다.

컴퓨팅 기술의 발전은 수많은 알고리즘을 복합적으로 활용해 새로운 알고리즘을 만들어 내는 단계에 이르고 있다. 이것이 가능한 이유는 기계 학습machine learning 덕분이다. 기계 학습은 "경험으로 만들어진 데이터를 학습하도록 컴퓨터를 프로그래밍함으로써 그 결과 자세한 프로그래밍을 별도로 할 필요가 없도록 하는 컴퓨터 과학의 한 분야"[2]를 말한다. 사람이 개별적으로 프로그래밍하지 않아도 특정한 과업의 수행 방법을 자동으로 익힐 수 있는 능력을 기계나 컴퓨터에 부여하는 것이다. 컴퓨터가 지능을 갖게 하는 방법이 무엇인지에 대한 질문은 1950년대부터 등장했고, 이에 대해 많은 연구자가 컴퓨터도 사람처럼 스스로 배울 수 있게 해야 한다고 답하면서 기계 학습 알고리즘이 등장했다. 사람의 기보를 학습한 '알파고'가 바둑에서 인간 고수들을 잇달아 꺾은 것이 보여 주듯 기계 학습의 성과는 인간을 넘어서는 수준에 이르고 있다.

마스터 알고리즘은 보편적이고 최종적인 기계 학습 알고리즘을 만들어 낸다면 하나의 알고리즘이 데이터에서 배울 수 있는 모든 것을 배울 수 있을 것이라는 가정에서 나온 주장이다. 따라서 이 주장은 데이터로 치환 가능한 모든 영역에 적용될 수 있다. 실제로 기계가 절대로 대신하지 못할 것으로 여겨졌던 미디어 창작의 영역도 기계가 학습을 통해 침공하고 있다. 텍스트 뉴스, 영상 뉴스, 영화, 드라마, 소설, 음악, 회화, 게임 등 미디어 콘텐츠들이 자동으로 만들어지는 사례들이 속속 등장하고 있다. 알고리즘에 따라 자동으로 생성된 미디어 콘텐츠의 품질이 인간의 것과 비교해도 상당한 수준에 이르고 있다는 평가까지 나오고 있다. 알고리즘에 따라 자동으로 생성한 로봇 기사와 사람이 작성한 기사를 같이 공개했을 때 사람들이 보이는 반응을 비교한 연구[3]가 대표적 사례다. 연구 결과에 따르면 사람이 쓴 기사보다 알고리즘에 따라 자동으로 작성된 기사에 대한 신뢰도가 더 높았다. 또한, 해당 기사를 로봇이 자동으로 작성한 것인지 사람이 작성한 것인지 제대로 공개했을 때에는 "로봇이 작성한 기사지만 생각보다 잘 썼다"라고 판단했지만, 로봇이 자동 작성한 기사를 사람이 쓴 기사라고 속여 공개했을 때에는 "기사에 대한 평가가 낮아졌다"는 반응이 많았다.

커뮤니케이션 수단으로서 미디어는 그 시기 기술의 영향을 강하게 받지만, 커뮤니케이션을 위해 미디어에 담아내는 감정이나 정보의 취사선택은 사람에 의해 이루어졌다. 매스 미디어의 등장 이후 미디어는 인간이 살아가는 사회 전체를 통괄하고 제어하는 기능까지 담당했지만, 그 통제의 수단과 메시지를 최종적으로 결정하고 선택하는 것은 사람이었다. 하지만, 이 과정들마저 기계가 자동화하고 있다. 중요도에 따라 기사를 배열하던 편집 행위를 알고리즘에 의해 자동 배열하는 것이 대표적이다. 기사의 작성과 편집은 전통적으로 사람만이 할 수 있는 영역으로 간주돼 왔다. 마스터 알고리즘은 지식을 기반으로 한 인간의 모든 영역을 알고리즘이 대체할 수 있으며, 더 나아가 인간을 넘어설 것을 상징하는 용어다. 물론, 마스터 알고리즘은 아직 없으며, 이론적으로 논의될

뿐 그것이 존재하지 않을 수도 있다. 문제는 기계 학습 알고리즘이 베일에 가려진 블랙박스라는 점이다. 컴퓨터가 수천 테라바이트의 정보를 수집하여 새로운 결과물과 통찰력을 제시하더라도 실제로 무슨 과정을 거치는지는 아직 아무도 제대로 알지 못한다.

마스터 알고리즘까지는 아니지만 알고리즘이 우리 일상생활에 적용되면서 우리는 지금 자동화automation된 세상을 살아가고 있다. 목적지로 가는 경로, 특정 이슈에 관한 기사, 다음에 볼 영상, 은행 대출 금리, 복지 혜택 여부 등이 자동으로 나에게 주어진다.[4] 그것이 주어지는 이유는 대부분 설명되지 않거나 간략하다. 수많은 알고리즘이 복합적으로 작용하면서 가장 높은 확률로 예측한 결과라는 설명이 있을 뿐이다. 이 설명은 인공지능artificial intelligence 시대의 특징을 요약하고 있다.[5] 일반적으로 인공지능은 사람이 수행할 경우 지능이 필요한 일을 기계가 수행하도록 하는 기술을 의미하며, 언어 이해 능력, 논리적 추론 능력, 물체 식별 능력 등 인간의 지능 기반 활동을 기계가 수행하도록 하는 기술을 말한다. 인공지능 기술의 결과로 주어지는 것은 인간이 그동안 수행하던 특정 행위의 자동화다. 수많은 알고리즘의 복합 작용을 통해 대규모 데이터를 처리하여 가장 높은 확률로 다음 행위를 예측하고 자동화하는 것이다. 이 자동화의 논리가 알고리즘이다.

자판이 연필을 대체하기까지

자동화는 알고리즘이 등장하기 훨씬 이전부터 이루어졌다. 이야기를 좁혀 보자. 나는 지금 글을 쓰고 있다. 전통적으로 글을 쓴다는 것의 의미는 손으로 연필, 붓 등 필기도구를 활용해 종이 혹은 평면 도구에 글자를 직접 쓰는 것이다. 처음으로 글을 쓴 것은 한글을 배우기 위하여 네모 칸 공책에 주어진 글자를 반복해 썼던 일이다. 연필로 공책에 글자를 직접 쓰는 일은 굉장히 힘들었다. 하지만 지금의 '쓴다'라는 것은 무슨 의미일까? 지금 나는 글을 쓰기 위해 연필을 전혀 사용하지 않으며, 이 글도 노트북을 통해 쓰고 있다. 나의 노트북에는 글을 쓰기 위한 소프트웨어가 여러 개 있는데 그중 워드 프로세싱 소프트웨어인 '한컴오피스 한글 2014'를 이용하여 이 글을 쓰고 있다. 사실 글을 쓴다기보다는 컴퓨터 자판으로 사용하는 소프트웨어의 안내에 따라 '입력'하고 있다.

역사적으로 봤을 때 인류는 기원전 4000년 무렵 구리 혹은 동물 뼈로 점토판에 최초로 무언가를 썼다. 기원전 3000년 무렵에는 이집트인들이 갈대를 이용해 파피루스에 무언가를 썼고, 기원전 1300년경 로마인들은 철로 된 펜으로 왁스에 썼다. 인류는 서기 600년 이후부터 깃펜으로 양피지에 쓰기 시작했다. 내가 처음으로 글을 쓸 때 활용한 연필이 처음 등장한 것은 1790년이다. 만년필은 1884년, 볼펜은 1940년대에 처음 등장했다. 지금 내가 글을 쓰기 위해 자판을 입력하는 방식은 1874년 최초의 기계식 타자기가 등장하면서 시작되었고, 1961년 IBM이 선보인 셀렉트릭Selectric 타자기는 최초의 아날로그 방식 워드 프로세서로 현재 컴퓨터 키보드의 토대를 형성했다. "붓, 펜, 연필과 같이 선을 그을 수 있는 도구로 종이 따위에 획을 그어서 일정한 글자의 모양이 이루어지게 하다"는 글쓰기의 사전적 의미는 붓, 펜, 연필 등 쓰기 도구의 개발에 따라 변화하고 있다. 지금의 쓰는 행위는 입력하기가 주류이며, 누군가는 글을 쓰기보다는 카메라로 찍기도 하고 육성으로 말하기도 한다.

우리 대부분은 현재 물리적 도구인 컴퓨터를 활용해 글을 쓰고 문서를 작성하고 있다. 하지만 컴퓨터를 켠다고 해서 바로 문서를 작성하거나 글을 쓸 수 있는 것은 아니다. 어떤 소프트웨어를 실행해야 한다. 메모장과 같은 단순 텍스트 입력 소프트웨어든, '한글'과 같은 워드 프로세서든 소프트웨어를 실행시켜야만 가능하다. 소프트웨어는 소프트웨어가 실행되고 저장되는 물리적인 하드웨어의 반대 개념이지만, 소프트웨어가 없으면 그 하드웨어는 고철이나 다름없다. 컴퓨터라는 미디어를 이용한 행위의 핵심은 소프트웨어의 이용이다.

글을 쓰는 행위뿐만이 아니다. 누군가 스마트폰을 꺼내 사진을 찍을 때 활용하는 앱이나 소프트웨어는 서로 다를 수 있다. 누군가는 기본 카메라 앱으로 찍을 것이지만 누군가는 다른 앱을 사용할 것이다. 같은 스마트폰 기종에 같은 카메라 렌즈를 사용하더라도 서로 다른 앱을 쓰면 다른 결과를 가져올 수 있다. 영상을 촬영할 때도 마찬가지이다. 모르는 내용을 확인하기 위해 검색을 하고, 관심 있는 뉴스를 보고, 백과사전을 참고하고, 여행지 숙소를 예약하고, 이동을 위해 차량을 호출하고, 물건을 구매하고, 관심사가 비슷한 사람들과 교류하는 등 대부분의 커뮤니케이션 행위들이 소프트웨어로 구현되고 있으며, 그 구현의 핵심 논리는 바로 알고리즘이다. 소프트웨어화된 미디어를 통해 커뮤니케이션하는 우리는 알게 모르게 알고리즘의 논리와 통제에 따르고 있다.

하지만, 이 알고리즘의 작동 과정은 다양한 이유로 인해 대부분 공개되어 있지 않다.[6] 왜 이런 검색 결과가 나오는지, 왜 이렇게 뉴스가 배열됐는지, 왜 숙소의 가격이 다른지, 물건 판매 가격이 사람에 따라 다른지, 누군가의 글은 왜 나에게 보이지 않는지 등의 의문을 제기하더라도, 명확한 설명을 얻을 수는 없다. 게다가 이 알고리즘들은 점점 더 복잡해지고 있다. 수많은 요인이 알고리즘에 적용되면서 알고리즘의 최초 설계자들도 그 시스템을 완전하게 이해하지 못하고 있으며, 하나의 시스템 안에서 여러 알고리즘이 복합적으로 작동하고 있다. "우리가 구글의 능력을 숭배하는 이유 중 하나는 주술과 마찬가지로 최종 결과만이 나타날 뿐 내부의 작동 과정을 전혀 알 수 없기 때문이며, 알고리즘의 작동은 블랙박스에 숨겨질 뿐 아니라 사실상 찰나에 이루어진다"[7]는 지적처럼 우리는 알고리즘의 작동 과정은 모른 채 그 결과물만을 접하고 있다.

그대로 받아들일 필요는 없다

우리 문화 속에서 자동화된 무언가를 이용하는 것은 인식론적, 정치적, 사회적으로 고찰해 볼 필요가 있다. 알고리즘은 우리가 인지하지 못하는 과정에 우리를 참여하게 만든다. 우리가 더 많은 정보를 접하고 이용할 수 있게 하지만, 그 정보의 양은 인간의 인식 범위를 넘을 정도로 거대하다. 인간이 다룰 수 없는 방대한 양의 데이터를 바탕으로 통찰력 있고 효율적인 정보를 제공하는 것처럼 보이지만, 알고리즘은 결코 중립적이지 않으며 통제의 목적으로도 사용될 수 있다. 미디어의 영역도 마찬가지다. 어떤 책을 사야 하는지, 어떤 영상을 봐야 하는지, 어떤 뉴스를 봐야 하는지 등을 알고리즘이 자동으로 추천하고 있으며, 그 대가로 봐야 할 광고도 자동으로 결정하고 있다. 우리는 이 보이지 않는 과정에 대해 의문을 가질 필요가 있다. 물론, 기술을 만들어 나가는 대부분 사람들의 선의를 의심하지는 않는다. 하지만,《월스트리트저널wsj》의 페이스북에 대한 탐사 보도[8]에서 보듯이 선의를 가장하는 경우도 많다. 보도에 따르면 페이스북은 유명 인사들을 특별 관리하고 인스타그램이 10대들의 정신 건강에 악영향을 미친다는 내부 보고서를 무시했으며, 마약 카르텔과 인신매매 조직 등의 불법적 이용 행태를 알면서도 방치했다.

이 책은 우리 일상생활 커뮤니케이션을 담당하는 미디어들이 자동화되는 과정을 세 단계로 나눠 살펴보려 한다. 미디어 논리 관점에서 현재까지의 미디어 발전 과정을 구분한 것이다. 일상생활의 매개mediation로서 '미디어화mediatization', 미디어의 표상representation으로서 '소프트웨어화', 표상의 표상으로서 '알고리즘화algorithmification'의 세 단계다. 미디어의 관점에서 알고리즘이 우리의 문화와 일상생활을 자동화하는 보이지 않는 과정을 '알고리즘화'로 설명하는 것이 목표다.

미디어가 다른 사회적인 것과 분리되어 존재하던 지난 세기와는 달리, 디지털 기술의 발전으로 인해 미디어를 통한 커뮤니케이션이 모든 사회적 현상에 침투하는 양상이 뚜렷해지고 있다. 이른바 '미디어화'는 사회를 이루며 살아가는 우리의 삶에서 미디어가 핵심적 역할을 하는 시기로, 디지털 기술 등장 이전 TV를 중심으로 한 매스 미디어 시기부터 있어 온 현상이다. 미디어화는 좁게는 미디어 이용에 따른 결과로서 사회 변동을, 넓게는 미디어가 기존의 정치, 사회적 관점을 폭넓게 매개함으로써 변화하는 세계관, 사회 구조 등까지를 포괄한다. 좀 더 구체적으로는 다양한 미디어 형식이 현대적 삶의 공간까지 확산해 이러한 삶의 공간이 미디어 형식에 의해 표상되는 것을 의미한다. 지금은 상상하기 어렵지만 지상파 방송이 멈추는 순간은 우리의 취침 시간을 의미했다. 이렇듯 미디어에 대한 의존 정도가 높아지면서 일상적 행동 대부분이 미디어의 논리에 따라 이루어지는 것이다.[9]

앞서 말했듯 디지털 기술의 일반화에 따라 현재의 미디어 거의 대부분은 소프트웨어로 구현되고 있다. 소프트웨어화는 미디어화와 알고리즘화를 잇는 중간고리다. 소프트웨어화 단계에서 알고리즘은 데이터를 처리하는 데 필요한 절차, 방법, 명령어를 정의한 규칙의 집합으로, 알고리즘화 단계에서의 알고리즘과는 차이가 있다. 소프트웨어화 단계에서는 기존에 존재하던 물리적 미디어 형식을 디지털로 처리하기 위한 규칙으로 인간의 통제 범위에 있다고 할 수 있다. 기존 미디어의 논리를 구현하기 위한 일련의 절차를 연산적으로 규정한 것이기 때문이다. 예를 들어, 워드 프로세서의 경우 글쓰기와 문서라는 기존 미디어의 논리를 따라 표 모양, 문서 양식 등을 설정한 것을 의미한다. 따라서 그 형식은 인간에 의해 통제된다.

하지만, 알고리즘화 단계에서 알고리즘은 소프트웨어

화의 결과로 축적되고 데이터화된 미디어 이용 행위를 학습하고 이를 토대로 기존 미디어의 논리를 벗어난 새로운 논리를 만들어 낸다. 소프트웨어화 단계에서의 알고리즘이 기존 미디어의 행위를 표상한 일련의 절차였다면, 알고리즘화 단계에서는 표상을 학습해 새로운 논리를 만들어 낸다. 예를 들어, 같은 워드 프로세서를 활용하고 있다 하더라도 사용하는 개인에 따라 다른 문서의 형식이 주어진다. 알고리즘화 단계에서 문서의 작성이라는 기존 미디어 행위는 네트워크로 연결되어 있어, 누군가의 문서 작성 행태를 기계가 학습하는 알고리즘이 소프트웨어의 기본 알고리즘보다 강력하게 작동한다. 인간은 학습 알고리즘을 설계했지만, 그 결과를 예측하지는 못한다. 그 결과 인간이 의도하지 않았던 과정과 형식이 각 개인에게 추천되며, 기존의 미디어 논리와는 다른 결과물이 생산된다. "유튜브 알고리즘이 나를 여기까지 이끌었다"는 일상적 용어가 등장하게 된 배경은 이런 것이다. 따라서 알고리즘화된 미디어 환경의 특성에 대한 분석과 논의가 필요하다. 또한, 알고리즘화 단계에서 가질 수 있는 문제점을 논의하고 이를 해결하려는 시도들에 대해 살펴볼 것이다.

문제 해결을 위해 법 제도적, 사회적, 기술적으로 다양한 대응 방안들이 논의되고 있지만, 문제의 해결은 사실 쉽지 않다. 일단 인간 스스로 완벽하지 않기 때문에 인간을 모사하는 기술도 완벽할 수 없다. 게다가 자동화 알고리즘이 전개되는 과정은 우리 눈에 쉽게 보이지 않는다. 인간이 인지할 수 없는 양의 데이터가 거의 실시간으로 수집되어 처리되고 있기 때문이다. 결국 우리는 과정이 아닌 결과물만을 받아들여야 한다. 이에 대한 하나의 대안으로서 저널리즘의 가능성에 주목할 것이다. 저널리즘은 민주주의 공동체 사회의 유지와 발전을 위해 권력을 감시하고 그 감시를 위해 질문할 권리를 시민들에게 위임받았다. 과정을 알 수 없는 자동화 알고리즘의 결과물을 감시하기 위해 인간의 관점에서 질문을 던질 필요가 있다.

2

미디어 진화의 3단계 ;
미디어는 어떻게
자동화되는가

일상생활의 매개, 미디어화

1450년대 금속 활자 인쇄술의 발명 이후 등장한 매스 미디어는 대규모의 정보를 생산 및 유통할 수 있게 만들었다. 19세기 산업화와 함께 신문과 책 산업이 크게 발전했고, 20세기 영화, 라디오, 텔레비전 등 전자 미디어의 도입과 확산은 우리 일상의 경험마저 급속히 변화시켰다. 기술의 발달에 따라 등장하는 새로운 미디어들은 우리 일상에 새로운 경험을 부여하고 우리가 살아가는 방식도 새롭게 만들어 냈다. 미디어의 진화가 역사적 패러다임을 바꾼다는 주장[10]처럼 미디어가 일상생활에 단순히 영향을 미치는 정도를 넘어 일상생활을 재구조화하는 단계에 이른 것이다. 미디어화는 미디어 이용으로 인한 사회적 삶의 변화, 미디어 자체로 인한 사회적 구조 변화 등을 포괄하는 개념이다. 미디어화의 핵심 논리는 일상생활의 매개다. 여기서 매개는 메시지를 수용자에게 전달하는 어떤 것 혹은 어떤 사람을 의미하는 동시에 수용자를 '구성'하는 무언가를 의미한다. 예를 들어, 초등학생의 숙제 공책은 따로 만나기 어려운 학부모와 선생님을 매개한다.

미디어는 일상생활을 전달하는 동시에 구성한다. 이때 미디어는 기술과 따로 떼어 내어 생각하기 어렵다. 미디어 기술은 일상으로 침투해 사람들의 모든 실천 행위를 미디어화한다. 지금은 상상하기 어렵지만 1990년대 중반 〈모래시계〉 등

인기 드라마가 방영되면 거리에 사람이 줄어든 현상이 대표적이다. 사람들은 미디어가 제시하는 시간대에 종속되어 미디어가 제시하는 일상의 시간과 행동을 따랐다. 미디어가 일상생활을 매개하면서 일상생활로 구성되는 사회와 문화는 점점 더 미디어와 미디어의 기술 혹은 논리에 종속되어 간다. 이에 따라 미디어화와 관련한 논의는 단순히 사회와 문화에 미치는 미디어의 영향이 아니라 미디어 커뮤니케이션의 변화와 사회 문화적 변화의 연관성을 탐구하는 방식으로 진화해 왔다.[11] 물론, 미디어가 직접 사회 문화적 변화를 일으키는 것은 아니다. 미디어는 정치, 경제, 사회, 문화, 교육, 종교 등 다양한 사회 문화적 요인들을 결합하고 상호 연관시키면서 전체적인 변화를 이끄는 역할을 한다. 미디어화는 미디어가 다양한 사회 문화적 요인들을 통합하는 과정에서 미디어의 논리가 강조되고 그 결과 미디어가 전체적인 사회 문화적 변화를 이끌어 간다고 보는 관점이다. 미디어화는 정치, 경제, 사회, 문화, 교육, 종교 등 개별 영역들이 함께 작동할 수 있도록 하는 역할을 수행하면서 미디어의 논리가 개별 영역들의 논리를 압도하거나 대체해 나아가는 메타 과정을 지칭하는 개념이다.[12]

　　미디어화의 과정에서 다양한 유형의 하위문화들은 그들의 목적을 위해 미디어를 사용하면서 미디어로 인해 주류 문화에 융합된다. 또한, 국가의 문화 정책들은 미디어화를 증진하는 지렛대로 작용한다. 기술 발전은 미디어의 행위 유도 가능성affordances을 사람들에게 부여하기 때문에 미디어화를 위한 훌륭한 통로로 작용한다. 문화, 정치, 기술 등의 영역에서 미디어가 구체적으로 작동하면서, 대중의 눈높이에 맞춰 권위와 전문 지식들은 변형된다. 누군가가 평판을 얻고 유지하는 방식과도 연결된다. 이 모든 것을 통해 결국 미디어가 일반 개인의 일상과 관련되는 것이다.

미디어가 일상생활에 미치는 영향력이 계속 늘어나고 있기 때문에 미디어화라는 개념은 여전히 유효하다. 사회에서 미디어의 역할을 밝혀내려는 시도들은 많았지만, 일상생활을 지속적으로 매개하는 과정에서 미디어의 정확한 역할을 규명해 내는 것은 쉬운 일이 아니다. 하지만, 사회의 다양한 맥락에서 미디어의 역할과 미디어가 매개하는 대상은 더욱 늘어나고 있다. 미디어화의 과정은 직접적 커뮤니케이션보다 일상생활의 매개를 통해 이루어진다는 점을 강조하는 것이다. 이에 따라 미디어화의 결과가 정치, 경제, 사회, 문화, 종교 등 다양한 영역에서 발생한다. 일상의 거의 모든 것이 매개를 통해 이루어지고 있는 상황에서 미디어는 사실 일상을 지배한다. 미디어의 매개가 없다면 우리가 서로를 이해하는 범위는 굉장히 줄어들고 살아가기조차 어려울 것이다. 미디어는 이렇게 우리의 일상을 지배하고 바꾼다.

프랑스의 철학자 앙리 르페브르Henri Lefèbvre는 미디어가 지배하는 일상을 '미디어 데이media day'로 설명한다.[13] 르페브르가 말하는 미디어 데이는 미디어가 지배하는 일상day과 미디어가 표상하는 일상이라는 이중적 의미를 지니고 있다. 미디어가 일상을 지배하고 일상을 표상, 즉 재현한다는 것이다. 르페브르가 말하는 미디어 데이 개념의 핵심 중 하나는 미디어화된 일상과 그로 인한 대화의 상실이다. 르페브르는 미디어가 일상에 대해 말하지만, 그 끝과 시작을 찾기는 어렵다고 지적한다. 미디어는 멈추지 않고 말하지만, 우리는 그 모두에 참여하지 못한다. 모든 것을 이해할 수는 없기 때문이다. 그런데도 미디어는 우리의 시간을 조금이라도 더 가져가려 하며, 그렇게 시간을 지배하면 고유의 리듬으로 우리를 통제한다. 미디어가 지배하는 우리의 일상은 시간적 측면에서 더욱 강력하다. 우리의 시간은 미디어가 제공하는 공허한 단어들, 말 없는 이미지, 표상되지 않는 현실에 의해 점유되고 있다. 멍하니 바라보는 TV 앞의 우리를 떠올리면 쉽게 이해할 수 있다. 이는 현재에도 마찬가지다. 일상에서 경험하는 수많은 미디어 제공자들은 우리의 시간을 더욱 가져가기 위해 경쟁하고 있다.

르페브르에 따르면 이러한 미디어 때문에 우리는 실재presence와 표상된 현실the present 사이의 대립을 겪고 있다. 표상된 현실은 실재를 모사한 것이다. 매개의 과정에서 표상된 현실이 우리에게 제공되고 우리는 그 표상된 현실에 따라 행동한다. 즉, 우리는 실재의 매개 과정에서 표상된 현실을 다시 실재로 받아들인다. 물론 미디어가 모든 것을 매개하는 것은 아니다. 이 과정에서 표상되지 못하고 숨겨지는 것들이 있지만, 우리가 알아채기란 쉽지 않다. 실재는 우리 일상이 실제로 있는 여기(here, 그리고 거기 또는 저 너머에 이르지 못함)이며 시간, 말, 행동을 사용해 대화가 이루어지는 곳이다. 표상된 현실은 저기there로, 표상된 생산물과 환영simulacrum에 의한 탈구(자신과 다른 이의)의 수용과 교환의 수용, 교환이 있을 뿐이다. 쉽게 풀어 보자면, 예를 들어 강도 사건이 있었다고 가정해 보자. 경찰은 목격자의 증언과 현장의 증거를 수집해 사건을 재구성한다. 이때 사건은 경찰의 시선에 따라 재구성되며 그 내용이 보도자료 등의 형식을 통해 기자에게 전달돼 기사로 제공된다. 미디어는 실재를 표상해 현실을 만들고 사실을 만들어 낸다.

물론, 미디어 데이의 모든 순간에는 선택이 있다. 사람들은 언제나 선택적으로 TV와 라디오 앞을 떠날 수 있다. 화면을 넘기거나 버튼을 눌러 먼 곳의 메시지와 이미지를 보거나 받는 것도 하나의 선택이다. 수용자들은 미디어의 매개 과정에서 무의식적으로 선택한 결과에 따라 자신이 알고 싶지 않은 것도 알게 되는데, 그 과정에서 사회적 생존을 위해 필요한 정보 이상을 습득하게 된다. 이는 얼마든지 거부할 수도 있는 선택의 영역이지만, 그 거부가 쉽지 않다. 표상된 현실을 다수가 실재로 받아들이면서 일상이 점유되고 있기 때문이다. 르페브르는 이를 커뮤니케이션 측면에서 여러 모순 중 하나라고 지적하지만, 여전히 작동하고 있다. 자본주의가 공고화된 현대 사회에서 정보는 곧 상품이다. 따라서 정보를 생산하는 사람들은 경험적으로 자신들의 논리를 어떻게 활용해야 하는지 알고 있다. 그들은 시간을 조각 단위로 잘게 쪼갠다. 미디어를 통해 정보를 전달하기 때문에, 그 정보가 최대한 효율성을 지닐 수 있도록 시간을 조각 단위로 잘게 쪼개어 전달한다. 직장에 나가기 전 아침에 제공되는 정보와 직장에서 돌아왔을 때 제공되는 정보는 상품 가치를 위해 변화한다. 이렇듯 '미디어 데이'는 다중리듬적polyrhythmically으로 나타난다.

　　미디어 속의 화자들은 자신은 보지 못하는 가운데 자신을 보고 있는 대중들과 대화dialogue한다. 대화는 커뮤니케이션이 가장 깊이를 가지는 순간이다. 하지만, 미디어가 관여한 커뮤니케이션은 진부하고 피상적으로 되어 가는 경우가 많다. 이러한 진부함의 배경에는 상품이 놓여 있다. 상품화된 커뮤니케이션은 대화의 가치를 그것이 잊힐 수준까지 깎아 내린다. 이렇듯 미디어화는 실재로서 직접적으로 벌어진 일the immediate과 그것의 전개 양상을 없애는 것뿐만 아니라, 대화를 없애는 경향이 있다. 대화는 개인 간에 수행할 수 있는 가장 적극적 형식의 커뮤니케이션이다. 미디어화는 주체를 완전히 소극적인 존재로 만들면서 타자와 상호 지각할 수 있는 표상된 현실을 만들어 낸다. 즉, 미디어가 표상하여 전달하는 현실은 다른 사람들과 공유할 수 있지만, 그 현실은 내가 만들기보단 대개 전해 받을 뿐이다. 따라서 미디어화로 인해 주체로서 적극적 커뮤니케이션을 하기 보다는 주로 듣게 되며, 말하지 않게 된다. 인터넷 등장 이전 미디어는 일방적으로 전달할 뿐 쌍방향으로 소통하기 어려웠다. 미디어화는 커뮤니케이션의 주체로서 개인에게 아무것도 말하지 않기를 유도했으며, 일방적 전달의 대상인 개인은 미디어를 통해 말하는 것이 쉽지 않았다.

미디어화로 인해 우리의 일상은 미디어가 규정하는 시간 배분에 따른다. 물론 일상은 미디어에 의해서만 시간적으로 배분되는 것은 아니다. 하지만 미디어가 자연적, 사회적 리듬들과 함께 주요한 시간 형성의 기초가 되어 가고 있는 것은 분명하다. 또한 르페브르가 지적하듯이 미디어에 의해 리듬화된 일상의 반복이 개인의 고유성을 부정하는 것은 아니다. 모든 사람들은 각각의 일상에서 고유한 업무를 갖고 있다. 어떠한 리듬이 일반화되어 있더라도 각각은 고유한 리듬을 유지하고 있는 것이다. 르페브르가 제시하는 미디어 데이는 미디어로 인해 일반화된 리듬이 미치고 있는 영향을 강조한 것이다. 즉, 낮과 밤, 하루와 일주일 등과 같이 자연적, 순환적 리듬 외에 현대 사회가 만들어 낸 구조화된 리듬 중 하나의 강한 형태로 미디어 데이를 제시한 것이다. 저녁 9시에는 방송을 통해 종합 뉴스를 보는 것이 당연한 일상은 자연적 시간 규정이 아닌 미디어가 만들어 낸 시간 규정이다.

르페브르는 시간을 중심으로 미디어화의 의미를 분석했지만, 미디어 이론가 제이 데이비드 볼터Jay David Bolter와 리처드 그루신Richard Grusin은 공간에 주목한다. 볼터와 그루신은 지하철 공간, 철도 대기실, 공항 라운지, 커피숍 등을 미디어로 매개된 '미디어 침투 공간mediated space'이라 부른다. 이러한 공간에서 개인이 경험하는 것은, 지역 역사나 설립 토대와의 연계에 의해서가 아니라 주로 그곳에 있는 미디어라는 실재에 의해 규정된다.[14] 장 보드리야르Jean Baudrillard는 "디즈니랜드의 기능은 자신을 가상의 공간처럼 보이도록 해 로스앤젤레스와 같은 디즈니랜드 바깥의 공간을 실재로 보이게 한다"고 말한 바 있다. 이들은 이 주장을 로스앤젤레스가 다른 모든 도시처럼 미디어 침투 공간이자 이야기의 공간이라는 점을 디즈니랜드를 통해 알 수 있다는 뜻으로 말한다. 디즈니랜드만이 가상 공간이 아니라 디즈니랜드 밖 우리의 일상적 공간 역시 이미 미디어화된 가상의 공간이라는 것이다. 이 가상 공간을 만드는 것이 미디어이고, 이 공간에 미디어는 침투해 있는 것이다. 일상생활을 매개해 전달하는 미디어로 인해 우리가 경험하는 시간과 공간이 모두 재구조화된 것이다.

미디어의 표상, 소프트웨어화

현재의 미디어들은 대부분 소프트웨어로 구현되고 있다. 워드 프로세서는 글쓰기와 문서 작성 소프트웨어이며, 포토샵은 그림 이미지 조작과 합성의 소프트웨어다. 시리siri와 같은 음성 인식 소프트웨어들은 사람 말을 인식하고, 영상들 역시 소프트웨어를 통해 편집되고 있다. 여기서 알고리즘은 하드웨어가 순차적으로 연산을 수행해 문제를 해결하도록 만든 방법을 말한다. 프로그램은 알고리즘을 컴퓨터가 이해할 수 있는 언어로 작성한 것이다. 이렇듯 컴퓨터가 이해할 수 있는 언어로 작성하는 과정 또는 방식이 코딩이다. 프로그램과 프로그램 구동의 바탕이 되는 데이터, 그리고 관련 문서들이 소프트웨어를 구성한다.

페이스북과 같은 소셜 네트워크 서비스sns는 사람과 사람 사이의 관계를 소프트웨어로 구현한 것이라 할 수 있다. 오늘날 건축·상품 등 모든 분야의 디자이너와 회화, 음악 분야 등 각종 예술가 대부분이 미디어 소프트웨어를 통해 작업하며, 이제 눈에 보이는 물질뿐 아니라 친구 관계처럼 눈에 보이지 않던 것들도 데이터로 처리되고 있다.[15] 누군가 페이스북 등에 남긴 댓글, 좋아요, 공유 등은 계량화된 수치로 수집된 뒤 정해진 법칙에 따라 계산된다. 그 결과는 게시물의 인기도를 측정하는 기준으로 활용된다. 그동안 다른 사람들과 주고받았던 이메일, 통화 내역 등 관계의 흔적은 페이스북 친구 추천의 근거로 활용되고, 상거래 사이트 등에서 봤던 상품의 목록 등은 페이스북 안에서 맞춤화된 광고를 제시하는 근거로 활용된다.[16]

　뉴 미디어 연구가 레프 마노비치Lev Manovich는 기존의 미디어를 소프트웨어로 구현하는 과정과 결과를 '소프트웨어화softwarization'로 표현한다. 소프트웨어화는 기존의 미디어 제작 기술(영화, 사진, 회화, 음악 등)이 소프트웨어로 전환되는 과정을 말한다. 소프트웨어화의 결과로 소프트웨어 운영의 기반인 컴퓨터는 단순 연산 장치에서 이미지, 텍스트, 영상, 사운드 등 다양한 미디어 요소들을 처리하는 '미디어 처리장치media processor'로 바뀐다. 이러한 컴퓨터는 전산학자 앨런 케이Alan Kay가 말하는 '메타미디엄metamedium'[17]의 모습과 가깝다. 메타미디엄은 "물리적으로 존재할 수 없는 미디어를 포함해 다른 모든 미디어의 세세한 부분까지 역동적으로 시뮬레이션할 수 있는 미디엄으로, 컴퓨터는 최초의 메타미디엄이라고 할 수 있다.

이러한 소프트웨어화의 결과물로서 소프트웨어들은 기존 미디어를 표상한다. 미디어의 표상representation of media으로서 소프트웨어는 기존 미디어와의 관계에 따라 두 가지 기능으로 구분할 수 있다. 미디어 귀속적(media specific·미디어 제작, 조작, 접속 기술이 특정 유형의 데이터에만 고유한 것) 기능과 미디어 독립적(independent·일반적인 디지털 데이터로 작동하는 새로운 소프트웨어 기술) 기능이다. 미디어 귀속적 기능은 그 소프트웨어가 표상하는 기존 미디어의 기능을 의미하며, 미디어 독립적 기술은 기존 미디어와 관련 없는 새로운 기능들 예를 들어, 잘라내기, 붙이기, 복사와 같은 인터페이스 명령 등을 의미한다. 다음 장의 표는 '한글'과 같은 글쓰기 소프트웨어의 기능을 기준에 따라 분류해 본 것이다.

물론 이러한 기능적 구분은 특정 시점과 사회 문화적 배경에 따라 달라질 수 있다. 기술의 발전 상황은 시점에 따라 다르며 이에 따라 새롭게 나타나는 미디어 독립적 기능도 다를 수밖에 없다. 어떤 사회 문화적 배경을 갖고 있느냐에 따라 미디어 귀속적 기능도 달라진다. 예를 들어, 한글에는 점자로 바꾸기 기능이 있지만, MS 워드에는 없다. 점자라는 미디어

글쓰기 소프트웨어의 기능 구분

분석 수준	미디어 귀속적 기능 (기존 미디어 기능들을 소프트웨어로 적용)	미디어 독립적 기능 (기술 발전에 따른 새로운 미디어 기능)
수용/조작	파일(종이 묶음), 키보드(펜), 프린터(인쇄) 등	문서암호화, 터치스크린, 원격 인쇄, SNS 발행 등
인터페이스	모니터(종이), 페이지 구분(장), 펜촉(커서) 등	N-스크린, 페이지 설정, 동시 글쓰기 표시 등
형식 및 기능	메뉴(문서 형식 및 편집), 맞춤법 검사(사전), 블록 설정(부분 편집), 자동 정렬(목차) 등	찾아 바꾸기, 복사/붙이기, 블록 계산, 자동 교정, 매크로 등
코드	ASCⅡ(알파벳/숫자), XML(인쇄 판형) 등	유니코드, 오픈XML 등
플랫폼	RAM/ROM 메모리(두뇌), PC(책상) 등	클라우드, 모바일화, 파일 포맷 개방 등

기능은 같지만, 사회 문화적 배경 차이에 따라 적용 여부가 달라진 것이다. 물론, 기존 미디어와는 상관없이 기술의 발전에 따라 새롭게 등장하는 미디어들도 있다. 하이퍼텍스트, 하이퍼미디어, 3차원 공간 내비게이션, 상호 작용적 멀티미디어, WWW, 인터넷 등이 대표적이다. 또한, 메타버스 등과 같이 기존 미디어를 완전히 새로운 특성과 기능으로 증강하는 경우도 있다.

마노비치는 소프트웨어가 어떻게 개념적으로 미디어를 표상하고 있는지를 구체적으로 보여 주기 위해 사진술을 소프트웨어화한 포토샵의 기능을 예로 들어 설명한다.[18] 마노비치가 포토샵에서 주목한 기능은 '필터filter'와 '레이어layer'다. 필터는 미디어 귀속적이면서 이전의 물리적 미디어를 새로운 특성으로 증강하여 시뮬레이션한 사례다. 기존 아날로그 카메라에서 필터 기능은 렌즈를 바꾸고 노출 시간을 조정하는 방식으로 이루어졌지만, 포토샵은 숫자로 명확하게 입력이 가능하다.

　　예를 들어, 아래 그림과 같이 '바람wind' 필터를 적용하면 사진에 실제 바람이 분 것 같은 효과를 추가할 수 있다. 이는 아날로그 사진에서는 노출 시간을 길게 함으로써 가능했던 기능이다. 즉, 바람이라는 은유를 통해 노출 시간의 조정을 표상한 것이다. 물론, 실제 노출을 조절한 사진과 '바람' 필터를 적용한 이미지는 똑같지 않다. 실제를 표상한 것이기 때문이다.

　　'레이어'는 미디어 독립적이면서 명백한 관계가 없이 새롭게 등장한 컴퓨터 미디어 기술이다. '필터'의 결과물도 하나의 레이어로 이미지 위에 덧씌워진다. 레이어는 비디오나 사운드에서도 채널, 트랙 등과 같은 개념으로 사용 중이며, 최종 결과물은 다양한 레이어들이 더해진 데이터의 결과물이

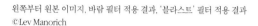

왼쪽부터 원본 이미지, 바람 필터 적용 결과, '블라스트' 필터 적용 결과
©Lev Manorich

다. 또한, 레이어는 일종의 모듈로 영화의 특수 효과 등의 작업에서 주로 이용됐다. 이를 적용하면 모듈을 재조합하는 가운데 한 번 실수하더라도 전체를 다시 재조립할 필요는 없었기 때문에 편집 시간을 아낄 수 있었고 그러다 보니 커다란 규모의 소스 코드를 별도의 모듈로 쪼개는 것이 일반화됐다. 이러한 방식이 이미지를 다룰 때도 적용이 됐고 그 결과물이 포토샵이다.

마노비치가 필터와 레이어를 통해 설명하고자 하는 것은 모든 미디어 소프트웨어 생태계의 구성 요소들이 하나가 아닌 두 개 이상의 선조를 갖고 있다는 점이다. 하나는 미디어와 문화적 실천이며, 다른 하나는 소프트웨어의 발전이다. 전자가 필터이며 후자가 레이어다. 소프트웨어화의 과정에는 단순히 소프트웨어의 적용만이 있는 것이 아니라, 기존 혹은 아날로그 미디어의 소프트웨어 적용과 소프트웨어의 발전이

동시에 발생하고 있다.

　이렇듯 기존 미디어를 표상한 소프트웨어를 통해 이용 방식에도 변화가 생긴다. 포토샵의 경우 과거에는 불가능하거나 매우 어려웠던 이미지 합성을 사용자가 쉽게 하도록 했다. 미시간공과대학에서 인문학을 가르쳤던 키타롱Kitalong 교수는 포토샵의 레이어와 복사, 붙이기, 자르기 기능을 통해 과거의 미디어 콘텐츠, 예술적 스타일, 형식을 끊임없이 재활용하고 인용하는 것이 새로운 양식이자 근대 사회의 새로운 문화 논리가 되었다고 주장한다.[19] 실재에 대한 미디어 기록들을 모으는 것보다, 문화는 이제 기존의 축적된 미디어 결과물들을 빠르게 재작업하고, 재조합하고, 분석하는 것이 됐다는 것이다. 단일한 기계, 즉 컴퓨터를 통해 모든 미디어 콘텐츠를 디자인하고, 저장하고, 배포하는 것이 가능해져 기존의 미디어 콘텐츠로부터 요소들을 빌려 오기가 더 쉽기 때문이다. 키타롱은 이를 "문화에서 새로운 형식의 부상과 사회생활 그리고 경제적 질서에서의 새로운 형식의 부상이 관련하는 기능을 가진 시대를 구분periodizing"하는 포스트 모더니즘 문화의 특성이라고 분석한다. 물론, "몇몇은 사진 속에 최상의 것을 담을 수 있게 하는 포토샵을 찬양하는 반면에, 다른 이들은 포토샵을 최고의 완벽성uber-perfection을 향한 인간의 욕망을 채워주는 도구로 간주한다"는 분석[20]이 있는 것처럼 기존 미디어의 표상으로서 소프트웨어에 대한 시각이 엇갈리기도 한다.

'미디어에 의한 일상의 지배'라는 미디어화의 특징은 여전히 유효하다. 소프트웨어화된 미디어들도 우리 일상을 지배하고 있으며, 우리 문화를 재구성하고 만들어 나가고 있다. 이렇듯 미디어를 표상한 소프트웨어들이 우리 문화를 형성하고 있다는 관점에서 은유적 표현이지만, 이러한 소프트웨어를 '문화 소프트웨어cultural software'라고 부를 수 있다. 마노비치는 기존 미디어를 표상한 소프트웨어화의 결과로서 소프트웨어를 문화 소프트웨어로 개념화했다. 그는 이러한 문화 소프트웨어를 미디어 소프트웨어, 소셜 소프트웨어, 미디어 인터페이스로 구분한다. 미디어 소프트웨어는 미디어 콘텐츠를 생산하고, 배포하고, 관리하는 애플리케이션 소프트웨어를 말한다. MS 워드, 한글, 파워포인트, 포토샵, 파이어폭스 등이 대표적이다. 이때 미디어는 텍스트, 이미지, 디지털 비디오, 애니메이션, 3D 객체, 지도, 이들을 뒤섞은 다양한 혼합물 등을 말하며 콘텐츠는 장르 기준으로 웹 페이지, 트윗, 페이스북 업데이트, 캐주얼 게임, 다중 접속 온라인 게임, 검색 결과, UGC, 지도 위치, 즐겨찾기 공유 등을 말한다. 소셜 소프트웨어는 지식과 정보를 공유하고 커뮤니케이션하기 위해 만든 도구와 서비스들을 말한다. 예를 들어, 검색 엔진, 웹 브라우저, 블로그 에디터, 소셜 네트워크, 이메일, 공유 지도, 인터넷 전화, 네트워크 게임 등이다. 모든 것을 온라인으로 공유하지는 않기 때문에 개인적인 정보 관리 도구 소프트웨어(프로젝트 매니저, 메모장) 등도 여기에 포함된다고 할 수 있다. 하지만, 페이스북 등에서 볼 수 있듯이 이른바 소셜 네트워크 서비스의 확산은 개인 정보와 공공 정보의 경계를 점점 사라지게 하고 있다. 미디어 인터페이스는 소프트웨어가 사람들에게 어떻게 보이는지 즉, 소프트웨어가 사람들과 만날 때 창조하고, 공유하고, 재사용하고, 소통하고, 관리하고, 조직하도록 하는 기능들을 말한다. 소프트웨어의 미디어 형식이라고 할 수 있는 것으로 소프트웨어를 인식 가능하게 매개해 주는 소프트웨어들이다. 이 모두는 현재 우리의 일상을 매개하는 미디어들이며, 이 미디어는 일상을 매개한 미디어를 표상하는 소프트웨어다.

표상의 표상, 알고리즘화

미디어를 표상하는 소프트웨어의 이용이 일상화되면서 소프트웨어로서 미디어 이용의 모든 결과는 데이터로 수집되어 축적되며, 이후 활용이 쉽도록 구조화된 형식으로 쌓인다. 이렇게 축적된 데이터는 각 소프트웨어만의 개별적인 알고리즘으로 분석된다. 컴퓨터를 통해 같은 내용을 입력하더라도 어

떠한 소프트웨어를 사용했느냐에 따라 그 결과는 달리 주어
질 수 있다. 각각의 소프트웨어에 적용된 알고리즘이 다르기
때문이다.[21] 네이버와 구글에서 연관 검색어 추천 결과가 다
른 경우들이 대표적 사례다.

　　논리학자 로버트 코왈스키Robert Kowalski는 알고리즘이 논
리logic와 통제control라는 두 요소로 구성된다고 규정한다.[22] 논
리 요소는 문제를 해결하기 위해 사용되는 지식knowledge을 말
하며, 통제는 지식을 사용한 문제 해결 전략strategy을 의미한
다. 해결해야 할 어떠한 문제가 있을 때, 그 문제에 대한 사전
지식은 각기 다르다. 각기 다른 지식에 따라 문제 해결 전략도
다를 수밖에 없다. 컴퓨터 과업 수행 절차인 알고리즘에도 세
계관이 투영되며, 이러한 세계관에 따라 알고리즘의 통제 논
리가 만들어진다. 논리의 완전성을 높이기 위해 알고리즘의
설계자들은 문제 해결을 위한 판단의 기준이 되는 경험, 즉 지
식의 양을 충분히 늘리려 한다. 과학의 일반 법칙처럼 충분한
지식이 있다면 가장 합리적인 문제 해결 전략을 도출할 수 있
다는 가정이다. 빅 데이터라는 용어가 우리 사회 곳곳에서 만
병통치약처럼 쓰이고 있는 이유다.[23]

　　예를 들어, 구글은 검색 결과 내용의 순위화를 위해 기
계적인 알고리즘을 개발해 적용하고 있다. 구글은 검색에 있
어서 "직접 조치보다 알고리즘 이용"을 원칙으로 하고 있다.

"직접 조직한 정보보다 기계 솔루션을 선호"한다면서, "알고리즘은 확장이 가능하기 때문에 기능을 개선하는 경우 한 개가 아닌 수많은 검색 결과 페이지가 개선된다"라고 그 이유를 제시한다. 현재 구글은 "웹사이트 약관, 콘텐츠 생산 일시, 위치, 페이지랭크PageRank 등 200개 이상의 요인을 적용해 이용자가 원하는 것을 순위화해 제공한다"라고 밝히고 있다.[24] 하지만, 이 200여 개가 무엇이며 어떤 가중치가 적용되어 어떤 방식으로 작동되고 있는지는 구체적으로 공개돼 있지 않다. 알고리즘에 수많은 요인이 복잡하게 적용되면서 구글 내에서도 시스템 작동을 완전하게 아는 개발자는 드물 정도다. 물론, 자세한 알고리즘의 작동 방식을 구글이 공개한다고 해도 큰 효과는 없다. 실시간으로 요인을 수집해 복잡한 수식을 적용해 작동하고 있는 가운데 이용자의 반응에 따라 알고리즘의 작동 방식도 순식간에 변하기 때문이다.

검색 엔진이 제시하는 정보의 순위가 기존의 어떤 미디어 메시지보다 강력한 영향력을 행사하고 있다 보니, 알고리즘 요인을 분석하려는 시도는 상업적 목적이든 기술 연구 목적이든 다양하게 이루어지고 있다. 구글의 검색 알고리즘에 적용되고 있는 200여 개의 요인에 대한 분석도 당연히 진행되고 있다. 공개된 자료들을 바탕으로 알고리즘의 작동 요인을 추론하는 것이다. 이와 관련해 '백링크Backlinko'라는 한 디지털 마케팅 컨설팅 회사는 "구글의 검색 알고리즘의 전체 요인 208개를 분석했다"라고 주장[25]하며 그 내용을 게재하고 있다. 이 내용 중 일부는 확인된 것이고 일부는 추정한 것인데, 공개된 자료를 바탕으로 대략 이러할 것이라고 분석한 것이다. 공개한 요인들이 각각 어떻게 적용되고 있는지, 개별 가중치는 어떠한지 등의 구체적 내용은 없다. 정확하진 않을지라도 해당 글은 구글의 검색 알고리즘이 어떻게 작동하고 있는지 유추해 볼 수 있는 내용을 다수 포함하고 있다.

208개 요인들을 분석해 보면 대체로 첫째, 쉽게 수치화할 수 있는 요인들(도메인 나이, 문서 길이, 사이트 가동시간 등), 둘째, 외부의 평가를 받을 수 있는 요인들(후이즈 등록 여부, 외부 리뷰 사이트 평가, 위키피디아, 소셜 공유량 등), 셋째, 링크하는 문서에 대한 계량화(백링크의 수, 인링크의 수, 키워드의 수 등), 넷째, 이용자 반응(클릭률, 이탈률, 체류 시간 등), 다섯째, 기계적으로 다량 생산된 어뷰징 문서 판단(펭귄 알고리즘 등), 여섯째, 자사 서비스에 대한 약간의 우대(유튜브, 구글 플러스, 크롬 등. 물론 구글은 공식적으로 확인해 주지 않고 있다.) 정도로 요약해 볼 수 있다.

이를 통해 유추할 수 있는 것은 구글이 검색 문서의 품질을 자체적으로 판단하는 부분은 거의 없다는 점이다. 품질이 좋은 문서는 결과에서 상위를 차지하게 되는데 그 내용은 구글이 판단하지 않는 것이다. 품질이 좋다는 판단은 대부분 이용자 혹은 외부의 다른 서비스에 의존하고 있다. 해당 페이지를 참조하는 링크의 수가 핵심인 페이지랭크도 해당 문서의 품질을 직접 측정하는 것이 아니라 다른 사이트의 평가를 구글이 수집하는 수단일 뿐이다. 즉, 문서의 품질을 측정하기 위해 내용을 판단하기 보단 데이터화할 수 있는 신호들만을 받아들이는 것이다. 구글의 검색 알고리즘은 최대한 관련된 데이터를 확보하여 해당 메시지의 품질을 결정하고 순위화한다. 이렇게 분석한 데이터들은 미디어 내용을 표상한 것에 불과하다. 문서가 담고 있는 메시지 자체를 평가하는 것이 아니다.

알고리즘화는 결국 '표상의 표상representation of representation' 이라고 할 수 있다. 소프트웨어 이용자의 데이터를 수집해 표상한다고 할 수 있는데, 그 소프트웨어는 미디어를 표상한 것이고 미디어는 일상의 매개이기 때문이다. 구글 검색 사례에서 알 수 있듯이 숫자로 표상된 이용 행위들을 수집하고, 새로운 결과물을 만들어 내는 논리로 알고리즘이 활용되고 있다. 알고리즘은 수치화될 수 있는 내용을 가능한 최대로 수집해 가장 그럴듯한 결과물을 제시한다. 검색이라는 미디어 이용 행위조차 수치로 치환 가능한 데이터가 된다. 이는 다시 수집되어 정답이 무엇인지 모르지만 가장 관련 있을 법한 결과물을 제공하는 데 쓰인다.

1969년 등장한 인터넷 프로토콜, 1995년 등장한 웹은 모든 컴퓨터에서 데이터가 저장되고 접속되고 처리될 수 있도록 하는 일종의 범용 저장소container가 됐다. 1980년대 개인용 컴퓨터의 급격한 확산에 따라 이러한 발전들은 숫자 계산이라는 컴퓨터 연산computation이 디지털화된 모든 과정으로 확산할 수 있도록 했다.[26] 한편, URL은 알고리즘이 수많은 사람을 연결해 상호 작용할 수 있도록 했으며, 이를 통해 결국 철학자 피에르 레비Pierre Lévy가 말하는 '알고리즘적 미디엄algorithmic medium'[27]을 만들어냈다. 알고리즘적 미디엄은 협력적인 인간의 네트워크와 소프트웨어가 공동의 메모리를 만들어내고 개선해 가는 수단이다. 기술 기업들이 미디어 이용 데이터에 끊임없이 집착하는 이유는 여기에 있다.

'딥드림deep dream'은 2015년 7월 구글이 공개한 시각화 소프트웨어다. 사진 및 회화 등을 디지털 이미지로 저장해 특정 요소를 중심으로 이를 재구성한 추상화를 만들어낸다. 이렇게 탄생한 작품들이 마치 꿈의 몽환적 세계를 보여 주는 것 같다고 해서 '딥드림'이라는 이름을 붙였다. 구글은 딥드림을 선보이면서 '인공지능이 꿈을 꾼다'라고 표현했다. 딥드림은 '파레이돌리아pareidolia'라는 이름의 알고리즘을 이용해 이미지에서 패턴을 찾고 강화한다. 파레이돌리아란 다양한 구름의 형태를 보면서 동물이나 사람의 얼굴을 떠올리는 것처럼 불분명하고 불특정한 현상이나 소리, 이미지 등에서 특정한 의미를 추출하려는 심리 현상을 의미한다. 의도적으로 처리된 이미지 속에 마치 꿈같은 환각 유발성hallucinogenic 모습을 만들어 내는 것이다. 하늘 위 구름, 사람의 얼굴 등 평범한 이미지를 입력하면 무작위로 환각적 느낌을 주는 다른 이미지 형상으로 바꾼다. 이러한 이미지 생성은 원래부터 구성되어 있던 사진, 그림을 토대로 이루어진다. 이 과정에서 인공 신경망은 자신이 원래 의도한 이미지의 형태만을 과장하고, 그 외의 요소는 무시해 이미지를 왜곡해낸다.

딥드림이 원본의 형태까지 바꾸는 반면, 딥드림 기능 중 하나인 '딥스타일deep style'은 원본의 형태는 유지하면서 스타일, 질감 등만 변경한다. 다음 장 그림은 딥스타일을 적용해 자동으로 만들어 낸 이미지 중 하나다. 인스타그램 등 SNS에서 이용자가 게시한 이미지 내용은 그대로 보존하면서 질감을 변경하는 방식이 딥스타일 기술의 활용 사례다. 회화뿐만 아니라, 음악, 영화, 소설, 뉴스 등의 미디어 형식들도 자동으로 만들어 내는 사례들이 등장하고 있다. 이렇듯 자동 생성 콘텐츠들도 알고리즘화의 결과물이다. 자동 생성 콘텐츠들은 과거 미디어 형식들을 소프트웨어 데이터로 변환한 후 자신만의 고유한 알고리즘으로 분석해 새로운 콘텐츠로

'딥스타일'을 적용해 만든 이미지 ©deepdreamgenerator

만들어 낸다. 표상을 표상하여 새로운 콘텐츠를 만들어 내는 것이다.

표상의 표상으로서 알고리즘화의 또 다른 특성은 이용자들이 알고리즘에 길든다domesticated는 점이다. 이용자들은 그들이 선호하는 검색 엔진과 소프트웨어를 주로 이용한다. 새로운 작동 방법을 익히기 어려울 뿐만 아니라, 자신의 이용 신호를 받아 분석하는 알고리즘이 맞춤형 기능을 제공하기 때문이다. 알고리즘이 자신의 감각을 확인해 줄 때 사람들은 이를 단순히 즐긴다. 인간 주체성과 기술의 역할을 연구하는 마크 핸슨Mark Hansen이 제시한 '피드-포워드Feedforward' 개념[28]으로 설명이 가능하다. 핸슨은 21세기 미디어를 '데이터 수집, 분석 및 예측' 시스템으로 정의한다. "21세기 미디어는 지각이나 의식 작용을 '사후의 일로' 밀어내는 전지각적precognitive 차원에서, 세계 내에서의 인식과 행동을 '유인afford'하는 성향을 만들어 내는 방식으로 이루어진다는 것"[29]이다. 맞춤형이라는 이름으로 제공되는 음악, 영화, 뉴스 등이 대표적이다. 넷플릭스에서 우리는 전체 목록을 확인하는 대신 나에게 어울리는 것만을 추천받고 있다. 알고리즘은 미디어 이용 데이터를 끊임없이 수집한 후 개인의 의사를 확인하지 않고 인간에게 가장 효율적이라고 계산된 방식을 제시하고 이에 따를 것을 유도한다. 그리고 인간은 그 알고리즘에 길든다. 이러한 길듦의 가장 대표적 사례가 자동차 운전을 위한 내비게이션이다. 모르는 길을 가야 할 때 내비게이션의 안내 없이 길을 떠나는 운전자는 많지 않을 것이다. 내비게이션이 최적의 길이라고 안내하지만 사실 우리는 그 길이 가장 적합한 길인지를 스스로 판단하지 못한 채 따를 뿐이다. 알고리즘은 '편리함'을 명분으로 우리를 끊임없이 길들인다.

알고리즘은 표상을 표상함으로써 인간과의 간접적 협력 체제를 구축한다. 이 과정에서 개인들은 그들이 커뮤니케이션할 때 사용하는 미디어 자체를 변경시키고 있다. 우리가 만들거나 공유하는 모든 링크와 우리가 무언가를 태그하는 모든 시간, 우리가 '좋아요'를 누르거나 검색하거나 무언가를 사거나 리트윗하는 시간 등, 이 모든 정보는 데이터 구조 속에 기록되고 처리되어 다른 사람들에게 추천하거나 알리는 용도로 사용된다. 개별적으로 발생시킨 정보를 처리해서 공동으로 소비할 수 있게 함으로써 알고리즘은 인터넷상에 축적된 거대한 정보를 탐색할 수 있도록 돕는다. 그러나 알고리즘이 정보를 다룰 때, 그들은 동시에 관계와 연결을 재구조화하고 무언가를 선호하도록 독려하며, 우연한 만남을 만든다. 그 과정을 통해 우리의 생각과 정체성을 다시 형성하는 것으로 늘 끝을 낸다.

　　알고리즘은 소프트웨어화된 미디어 이용 데이터를 끊임없이 수집하며 실시간으로 변화한다. 미디어화에서 미디어는 고정된 형식을 갖지만, 알고리즘화 단계에서 미디어는 이용 데이터에 따라 바뀐다. 변화에 따라 다른 메시지를 전달하지만, 어떻게 생성된 것인지를 알 수는 없다. 내비게이션이 실시간 교통 정보를 수집해 길 안내를 변경할 경우 우리는 변경된 경로만 제시받을 뿐 실시간 교통 정보에 대해서는 알지 못한다. 또한, 알고리즘은 기존 미디어를 끊임없이 분석하여 표상한다. 그 표상은 기존 미디어의 관습을 이어받되 새로운 내용을 만들어 내는 방식으로 이루어진다. 알고리즘화된 미디어들은 표상을 표상하는 과정에서 끊임없이 변화하며 새로운 내용을 무한히 양산하고, 그 알고리즘에 길들도록 한다. 유튜브 추천 알고리즘이 이끄는 대로 영상을 보다 보면 시간이 쉽게 가는 이유다.

알고리즘의 논리

알고리즘이 추천한 뉴스

지금까지의 내용을 정리하면 미디어화는 신문, 책, 방송 등 이용자에게 강력한 영향을 미쳤던 매스 미디어들이 우리의 일상생활을 어떻게 매개하는지를 설명하기 위한 개념이다. 이때 매개는 전달과 재구성이라는 개념을 모두 포괄한다. 소프트웨어화는 디지털 기술이 기존의 미디어를 디지털로 어떻게 표상하는지 설명해 준다. 알고리즘화는 소프트웨어화된 미디어들이 현재 우리 일상생활을 어떻게 재구성하는지를 설명하기 위한 개념이다. 알고리즘화는 미디어의 표상을 표상하면서 끊임없는 변화를 통해 새로운 내용을 만들고 우리를 길들이고 있다. 이를 좀 더 구체적으로 분석하고 이해하기 위해서는 '뉴스 추천'이라는 미디어 행위를 중심으로 살펴볼 필요가 있다.

미디어화 단계에서 신문은 사회적으로 중요한 의제와 사실을 취재해 독자들에게 전달했다. 이 전달의 과정에서 신문은 제한된 지면을 활용해야 하는 문제로 인해 취재한 수많은 뉴스를 대상으로 취사선택 한다. 발생한 뉴스 중 중요성과 언론사의 관점을 기준으로 전달할 뉴스와 묻힐 뉴스를 선택하는 것이다. 또한, 전달하기로 한 뉴스 중에서 좀 더 비중 있게 다룰 뉴스들을 선택한다. 이러한 과정을 편집이라고 하며, 편집의 과정을 통해 독자들이 우선 읽어야 할 뉴스를 추천한다. 이러한 추천을 위해 신문 편집에서는 단순·명쾌함과 압

축·묘사력을 중요하게 여긴다. 독자가 쉽게 호기심을 가지고 뉴스를 읽어 보게끔 지면을 구성하는 것이다.

언론은 신문 편집을 통해 독자의 시선을 끌어모으고, 제목의 크기와 위치를 통해 지면의 가독성을 높여 뉴스의 중요도를 등급화하며, 뉴스의 흐름 속에서 고유한 스타일을 통해 그 내용을 일목요연하게 한다.[30] 민주주의 공동체의 건강한 발전과 이를 위한 권력의 감시라는 저널리즘 원칙에 따라 뉴스 가치를 판단하고 판단의 결과를 독자들에게 추천하는 것이다. 이러한 과정은 언론인이라는 전문가 집단에 의해 주로 이루어진다. '커뮤니케이션 관문을 지키는 수문장'으로 불리는 '게이트키퍼gatekeeper'로서 언론인들은 사실과 의견을 분리하고 편향으로부터 보도를 분리하는 전문가적 역할을 담당하는 것으로 인식되어 왔다. 전문 직업군으로서 언론인은 뉴스 생산과 편집에서 권위를 인정받아 그 기능을 수행한다. 이들의 뉴스 추천은 독자들의 일상을 반영하거나 일상에 영향을 미치려는 매개 행위다.

신문의 경우 이러한 추천으로서의 편집 행위가 '컴퓨터 식자 시스템computerized typesetting system'으로 소프트웨어화되었다. 컴퓨터 식자 시스템은 신문, 잡지, 사전 등 다양한 기존 미디어 형식을 소프트웨어화했다. 기존에는 인쇄 등을 위해 문자를 입력할 때 그 문자에 해당하는 활자판을 제작해야 했다.

컴퓨터 식자 시스템은 이러한 활자판의 제작 없이 자판 입력만으로 이 기능을 수행한다. 특히, 신문의 경우 디스플레이 장치를 이용한 회화형 편집을 가능하게 해 조판이 더 간편해지고 제작 기간도 단축됐다. 소프트웨어화된 편집은 일정 형식을 취하도록 유도한다. 사람이 직접 조판하던 시절에 발생하던 미세한 차이는 기계적으로 미리 규정된 형식을 취함으로써 사라진다. 사전에 정해진 프레임에 의하여 편집의 형식 및 구성 방법이 결정된다. 이러한 시스템을 이용함에 따라 편집 행위의 내용은 모두 데이터베이스화되어 저장된다. 특정한 형식을 공통으로 따르게 되기 때문이다. 사람의 편집 행위를 소프트웨어가 표상했고 그 표상의 결과들이 저장되어 언제든 다시금 호출이 가능해진다. 이를 통해 전문 직업군으로서 언론인이 행한 뉴스 생산과 편집 행위는 검증의 대상이 될 수 있다. 기자들은 직접 조판하던 시절과 달리 단순 업무에서 해방될 수 있었지만, 자신들의 전문적 행위가 표준화된 환경 속에 저장됨으로써 언제든 권위를 검증 받을 수 있는 처지에 놓이게 됐다. 하지만, 뉴스를 추천하는 행위자로서 권위는 여전히 인정받는다. 소프트웨어화는 단지 미디어의 기능을 표상할 뿐이기 때문이다.

소프트웨어화를 통해 축적된 편집 데이터들은 이후 뉴스 추천 알고리즘 작동을 위한 기초 자료가 된다. 특정 형식,

추천 알고리즘의 효용 행렬(utility matrix)

	정치 기사 1	정치 기사 2	정치 기사 3	경제 기사 1	경제 기사 2	경제 기사 3
이용자 A	4			2	1	1
이용자 B	5	5	4			
이용자 C				1	1	
이용자 D	5	5				3

장르, 기자 등 뉴스의 속성에 따라 추천된 뉴스를 분류할 수 있기 때문이다. 또한, 네트워크 환경이 일반화되면서 추천된 뉴스에 대한 이용자들의 이용 기록까지 데이터베이스화될 수 있게 됐다. 뉴스 추천 알고리즘은 이용자와 뉴스 기사라는 두 개의 독립 계층을 바탕으로 작동한다.[31] 추천 알고리즘은 이용자가 특정 기사에 대해 선호도를 갖고 있을 것으로 간주한다. 이 선호도들은 반드시 데이터로부터 알아낼 수 있어야 한다.

　예를 들어, 이용자 A, B, C, D가 정치와 경제 기사 각 세 건에 보인 선호도 데이터가 있다고 가정해 보자. 이용자와 기사를 짝으로 한 효용 행렬을 위 표와 같이 만들어 낼 수 있다.

효용 행렬이란 추천을 위해 필요한 두 독립 변수를 짝지은 행렬을 의미한다. 추천 알고리즘은 이 효용 행렬의 빈칸을 예측하는 것을 목표로 한다. 표에서 이용자 D는 정치 기사 1과, 정치 기사 2에 대해서 각각 5점이라는 선호도를 보여준 것으로 기록돼 있다. 그렇다면, 정치 기사 3에 대해서는 어떠한 선호도를 보여주게 될지를 예측하는 것이다. 방법은 정치 기사 1과, 정치 기사 2에 대해 이용자 D와 같은 기록을 가진 이용자 B를 통해 추론하는 것이다. 이용자 D가 이용자 B와 비슷한 성향을 갖고 있을 것으로 예측해 이용자 D 또한 정치 기사 3에 4 정도의 선호도를 가질 것으로 예측하는 방식이다. 같은 방식을 통해 경제 기사 1, 2에 대해 비슷한 성향을 지닌 이용자 A와 C의 기록을 바탕으로 이용자 C의 경제 기사 3에 대한 점수도 예측할 수 있다.

기록된 데이터가 많을수록 빈칸을 더 많이 채워 추천의 정확도가 높아질 가능성이 당연스레 커진다. 이에 따라, 이용자의 속성과 뉴스 기사의 속성을 추가로 늘릴수록 추천의 성공 가능성도 커진다. '콘텐츠 기반 추천contents based recommendation'과 '협력적 필터링 추천collaborative filtering recommendation'이 이러한 속성들을 활용하는 가장 대표적인 추천 알고리즘이다. 콘텐츠 기반 추천 방식의 가장 대표적인 사례는 특정 뉴스 기사와 유사한 관련 기사의 제공이다. 협력적 필터링 추천 방식의 가장 대표적인 사례는 연령별, 성별로 많이 본 뉴스 그리고 댓글 많은 뉴스 등이다. 즉, 콘텐츠 기반 추천은 뉴스 기사의 속성을 가능한 한 많이 찾아내 추천의 정확도를 높이는 방식이고, 협력적 필터링 추천은 이용자의 속성을 많이 찾아내 추천의 정확도를 높이는 방식이다. 또한, 이 둘을 복합적으로 활용해 효용 행렬을 구성하는 것이 추천의 정확도를 향상하는 가장 효율적인 방법이다. 대부분의 뉴스 추천 알고리즘은 기본적으로 이 둘을 복합적으로 활용한다.

한편, 효용 행렬이 빈칸으로만 이루어져 있다면 어떠한 예측도 불가능하다. 기존의 이용 기록 혹은 추천 이력 등을 기본으로 활용할 수밖에 없다. 소프트웨어화의 결과로 저장된 뉴스 추천 데이터들이 기초가 되는 것이다. 기존에 사람이 추천했던 뉴스들의 속성을 분류하고 네트워크화의 결과로 축적된 이용자들의 이용 기록을 결합해 추천 알고리즘이 작동한다. 데이터가 많아질수록 추천의 목적을 달성하기가 쉬워진다.

문제는 데이터화되지 않은 가치는 반영하기 어렵다는 점이다. 특히, 뉴스 기사는 절대적 진실을 전달하는 것이 아니라 '종합적 진실the whole truth'을 전달한다.[32] 종합적 진실은 상대적으로 구성되는 것으로 0과 1처럼 단순하게 구분할 수 있는 것이 아니다. 균형성, 심층성, 다양성, 사실성, 유용성 등 전통적으로 중요하게 여겨지는 뉴스 가치는 추천 알고리즘이 반영하기 어렵다. 이에 따라, 보다 쉽게 데이터화할 수 있는 이용 기록(예를 들어, 조회 수, 추천 수, 공유 수, 열독률 등)이 뉴스 추천에 주로 활용되고 있다.

　이로 인한 또 다른 문제는 추천 알고리즘의 목적이 미디어화, 소프트웨어화 단계에서와 달라진다는 점이다. 미디어화와 소프트웨어화 단계에서는 전문 직업군으로서 언론인들이 뉴스 가치에 따라 추천 여부를 결정했다. 하지만 알고리즘화된 뉴스 추천은 효용 행렬의 빈칸을 자동으로 채워야 한다. 이용자가 그 뉴스를 읽게 하는 것이 목표라면, 데이터화가 쉽지 않은 뉴스 가치로 빈칸을 채우기 보다는 조회 수, 댓글 수 등 측정 가능한 내용으로 빈칸을 채우는 편이 쉽다. 뉴스 추천 알고리즘의 적용이 확대되면서 '필터 버블filter bubble', 이념 양극화 등과 같은 문제가 지적되는 이유다. 이는 기계적 예측에 따른 결과라 할 수 있으며, 그러한 예측에 인간은 길들여지고 있다. 이러한 과정에서 뉴스를 추천하는 시스템을 설계한 사람도 왜 그 뉴스가 추천됐는지 모르게 된다. 자신이 판단한 뉴스 가치에 따른 추천이 아니라 이용자의 신호를 알고리즘이 복잡한 과정을 거쳐 처리한 결과이기 때문이다. 지금까지의 논의를 바탕으로 미디어화, 소프트웨어화, 알고리즘화를 도식화해 보면 다음의 표와 같다.

미디어화, 소프트웨어화, 알고리즘화의 비교

	미디어화	소프트웨어화	알고리즘화
논리	일상의 매개	미디어의 표상	표상의 표상
특징	일상의 미디어 리듬화, 미디어로 매개된 공간	메타미디엄이 된 컴퓨터, 미디어 귀속적 및 독립적	무한한 데이터 확보, 인간과의 간접 협력 체제
방식	선별과 일방향 전달	형식화와 저장	학습과 예측
주요 사례	신문, 책, 잡지, TV, 라디오 등	워드 프로세서, 이미지 편집, 소셜 소프트웨어 등	엣지랭크, 검색 알고리즘, 추천 알고리즘 등

미디어화는 일상을 선별적으로 매개하여 단방향으로 전달함으로써 미디어가 일상을 지배하는 단계라고 할 수 있다. 소프트웨어화는 미디어의 방식을 표상함으로써 특정한 기준에 따라 형식화하고, 그 내용들이 저장될 수 있게 한다. 이에 따라, 기존에는 불가능했던 미디어 행위에 대한 검증이 가능해졌다. 알고리즘화는 소프트웨어화를 통해 저장된 내용을 학습해 인간의 행위를 예측하는 단계라고 할 수 있다.

알고리즘화를 통해 미디어는 이전 단계보다 더 강력한 효과를 지니게 된다. 미디어화와 소프트웨어화 단계에서 미디어의 효과는 사후적이라고 할 수 있지만, 알고리즘화 단계

에서 미디어의 효과는 사전事前적이기 때문이다. 미디어가 일
상을 지배한다는 측면에서는 같다고 할 수 있지만, 일상을 매
개하던 미디어가 알고리즘화를 통해 일상을 선제하고 있다.
예전에는 기상 알람을 직접 설정했지만, 어느샌가 나의 생활
패턴을 분석해 스마트폰 등의 기기가 기상 알람을 설정하는
것이다. 기존 미디어와 표상을 학습한 결과 새로운 논리를 만
들어 내 우리의 일상을 이끄는 것이다.

　게다가 알고리즘이 다른 알고리즘을 차용해 점점 더 복
잡해지면서 만드는 사람도 그 내용을 이해하지 못하는 상황
이 벌어지고 있다. 그 결과물을 이용하는 사람들도 알고리즘
의 논리와 전략을 이해하지 못한 채 익숙해지고 있다. 오늘날
의 알고리즘은 데이터 학습을 통해 세상의 모든 지식을 컴퓨
터가 배울 수 있는 마스터 알고리즘을 지향해 나가고 있다. 마
스터 알고리즘이 있을지 없을지는 모르지만, 어쨌든 기술의
진화 방향은 그쪽을 향해 가고 있다.

편집 논리와 지식 논리의 경쟁

지금까지 미디어화, 소프트웨어화, 알고리즘화 각각의 특성
을 서술했지만, 각 단계가 아주 명확하게 시기적으로 구분되
는 것은 아니다. 오히려 현재 각각의 맥락에서 세 단계가 동시
에 벌어지고 있다. 기술의 발전은 어떤 시기나 특징을 명확하

게 구분해 진행되지 않는다. 이런 도식적 구분이 기술적으로 중첩되는 개념이라는 비판을 피하기도 어렵다. 다만, 현재의 미디어 환경을 분석하고 그 계보의 맥락을 설명하기 위한 시도라는 점을 강조하고 싶다. 알고리즘화의 맥락으로 현재의 미디어 환경을 분석할 때, 미디어 관점에서 현재 상황의 특성을 좀 더 이해하기 쉽기 때문이다. 그렇다면, 현재 알고리즘화 단계는 어떤 특성들을 갖고 있을까?

첫째, 알고리즘은 통계를 기반으로 무언가를 배제한다. 알고리즘은 인간의 간섭이나 통찰 없이 자동으로 작동하도록 고안되어 있다. 이를 위해서는 작동의 기반이 되는 데이터가 알고리즘이 처리할 수 있을 만큼 정제되어 있어야 한다. 그런데, 모든 데이터를 정제할 수 있는 것은 아니다. 또한, 알고리즘은 통계 기반이기 때문에 99퍼센트의 효율성을 위해 1퍼센트를 배제한다. 이 배제는 강력한 권한을 행사하는 것이지만 우리는 무엇이 배제되는지조차 알 방법이 없다. 너무 많은 정보로 인해 무엇을 삭제했는지 데이터의 관리자들도 모른다. 그러나 자동화된 알고리즘은 어떠한 것을 포함하고 포함하지 않을지를 결정하고 있다. 미디어는 강력하지만 배제의 결정을 내릴 권한까지 위임된 권력은 아니다.

둘째, 알고리즘은 '피드-포워드'로 예측하지만 그 예측은 범주화의 권력 행사다. 검색 엔진과 같이 알고리즘화된 미디어들은 이용자들에게 그들의 알고리즘에 따른 정보를 제공한다. 알고리즘은 그 이용 데이터를 실시간으로 수집하고 그에 따라 반응해 새로운 내용을 제시한다. 이 수집의 과정에서 프라이버시 문제도 생기지만, 끊임없이 이용자들을 범주화한다. 특정 이용자들의 인지적 혹은 해석적 습관이 보편적 습관으로 간주되어 범주화될 수 있다. 개인의 특성이 범주화된 특성으로 간주되지만, 그 개인은 자신이 어떻게 범주화되는지 모른다. 대표적 사례가 은행 대출 금리 결정이다. 미국의 한 금융 회사는 대출 서류에 자신의 이름을 대문자로 적은 사람과 소문자로 적은 사람의 금리를 다르게 적용했다.[33] 대문자로 이름을 적어 낸 사람들의 대출 금리가 더 높았는데 돈을 빌리는 사람들은 그 이유를 알지 못했다. 통계적으로 봤을 때, 대출 서류에 대문자로 서명한 사람들의 연체율이 높았기 때문이다. 자신이 어떤 범주에 포함되는지 모르는 상황에서 특성이 부여된 것이다.

셋째, 알고리즘의 타당성에 대한 평가가 불가능하다. 알고리즘은 의도했든 하지 않았든 배제와 범주화를 통해 이용자에게 은밀하게 권력을 행사하지만, 그 타당성의 평가는 사실상 거의 불가능하다. 검색 결과의 경우 무엇이 실제로 가장 타당한 것인지에 대한 독립적인 기준은 없다. 대부분은 타당성에 대한 평가라기보다는 만족도에 대한 평가다. 만족도는 타당성 평가의 일부일 뿐이다. 시험받지 않은 가정들이, 설계자도 모르는 수준에서 인지될 수 없게 작동한다. 사람에게는 이유를 물을 수 있지만, 알고리즘에게는 그 이유를 물을 수 없다.

넷째, 알고리즘은 문제 해결의 전략과 절차를 규정한 것으로 객관성을 담보하지 않는다. 기술이 일을 처리할 경우 객관적일 것이라는 신화가 존재한다. 특히, 정치와 관련된 미디어 영역에서 알고리즘은 객관성을 담보하는 수단으로 기능하기도 한다. 하지만, "구글은 이제는 너무나 복잡해졌다. 그들의 엔지니어들도 그들의 시스템이 작동하는 방식을 완전하게 이해하기 어렵다. 엔지니어들은 그들 시스템의 작동 방식에 내재하는 편견에 대해 걱정하느라 밤을 새기보다는 기술을 자율적이며 완전히 객관적인 힘으로서 다루기를 선호한다"는 비판[34]이 제기되고 있다. 저널리스트와 알고리즘적 객관성은 전혀 같지 않다. 저널리스트의 객관성은 제도적 약속에 의존하며 규범과 현장 훈련을 통해 키워진다. 알고리즘적 객관성은 제도적 규범과 훈련보다는 기술적, 상업적으로 오염된 기계적 중립성이라는 약속이다.

다섯째, 알고리즘은 사람들을 계산한다. 페이스북은 친구 찾기 알고리즘을 통해 개별 이용자들을 숫자로 서열화된 수용자로 변형시킨다. 이용자들에 의해 구축된 "실제로 네트워크된 사람들networked publics"과 알고리즘이 제공하는 "수량화된 사람들calculated publics" 사이의 마찰이 발생할 수 있다.[35] 또한, 알고리즘은 이러한 계산을 통해 사람들을 보이지 않게 할 수 있다. 커뮤니케이션학자 타이나 부처Taina Bucher는 페이스북의 엣지랭크 알고리즘이 결과적으로 '비가시성 위협threat of invisibility'을 통해 이용자들을 훈육하고 있다고 주장한다. 페이스북은 '보여진다는 것visible'을 보상으로 제시하면서 '보이지 않는 것invisible'을 위협으로 제시해 참여하고, 소통하고, 상호작용하도록 이용자를 훈육한다는 것이다.

우리는 알고리즘을 단지 절차에 따른 코드의 집합으로 봐서는 안 된다. 이것이 사회적으로 구성되었으며, 제도적으로 운영되고 있는 하나의 체제로 봐야한다. 알고리즘은 새로운 지식 논리knowledge logic다. 이는 기존 미디어의 편집 논리editorial logic와 경쟁하는 논리다. 편집 논리는 반복된 훈련과 지속적인 확인, 혹은 시장과 사회적 논리를 통한 정당화 등의 제도적 과정을 통해 정당성을 얻은 전문가들의 주관적인 선택을 따른다. 반대로 알고리즘 논리는 인간의 판단을 자동화하기 위해 혹은 수집된 사회적 흔적들의 패턴을 밝히기 위해 인간 운영자가 고안한 기계의 절차적인 선택에 의존한다. 실재는 고정된 본질을 지니고 있지 않으며, 인간이든 비인간이든 주변과의 관계들을 통해 만들어진다. 따라서 실재는 복합적이며, 불확실성과 가변성을 지닌 집합체assemblage다.[36] 우리는 지금 알고리즘화된 미디어 환경 속에서 알 수 없는 알고리즘의 논리와 공생해 살아가고 있다. 그러나 여전히 그 논리는 쉽게 보이지 않는다. 블랙박스화되어 있기 때문이다. 우리가 볼 수 있는 것은 그 결과뿐이다. 따라서 그 결과가 사회 문화적으로 정당한지에 관해 물어볼 수 있어야 한다.

자동화 알고리즘의 무차별적 차별

역사적으로 인간이 항상 올바르게 살아왔다면 그러한 인간의 데이터를 학습하고 반영하는 자동화 알고리즘에는 문제가 없을 수도 있다. 하지만, 우리가 익히 알고 있듯이 인간은 역사적으로 잘못을 수정해 가며 발전해 왔다. 문제가 전혀 없이 완벽한 시기는 없다. 정보의 배제와 범주화를 통한 자동화 알고리즘의 권력 행사는 적어도 그 설계 과정에 인간의 의도적 편향이 들어가지는 않았을 것이라는 믿음으로 인해 정당성을 인정받는다. 하지만, 설계자들은 각기 서로 다른 배경을 갖고 있다. 어떤 문제를 해결하기 위해 알고리즘을 설계할 때 그 문제에 대해 사전에 갖고 있는 지식은 각기 다르다. 이에 따라 문제 해결 전략도 다를 수밖에 없다. 당연히 이러한 전략에는 최초 설계한 사람의 이데올로기 혹은 세계관이 자연스럽게 반영된다. 이러한 세계관에 따라 알고리즘의 통제 논리가 만들어진다.[37] 전략 논리의 완전성을 높이기 위해, 설계자들은 일단 알고리즘이 활용할 지식의 양을 늘리려고 한다. 문제 해결을 위해 판단의 기준이 되는 경험을 충분히 확보해야 합리적이라는 가정에서다. 과학의 일반 법칙과 같은 접근법이다.

충분한 지식을 확보하기 위해서는 우선 계량화가 필요하다. 단순히 수치로 치환하는 것이 아니라 측정 가능한 수치로 치환하는 것이 계량화다. 계량화는 다른 말로 데이터화다.

데이터로 치환되지 못하는 이용자의 기록들은 컴퓨터 등 기계가 받아들이지 못한다. 즉, 알고리즘이 처리할 수 없는 것이다. 계량화는 컴퓨터 등 기계가 인식할 수 있도록 특정 내용, 기록들을 숫자로 치환하는 것에서 출발한다. 우리가 컴퓨터에 문자를 입력할 경우, 컴퓨터는 그대로 인식하는 것이 아니라 문자를 수치화해 받아들인다. 예를 들어, '기술'이라는 단어의 경우, 'ㄱ'은 국제 표준 문자 코드인 유니코드 규약에 따라 10진수 형식으로 변환하면 '12593'이다. 'ㅣ'는 '12643', 'ㅅ'은 '12613', 'ㅜ'는 '12636', 'ㄹ'은 '12601'이다. 컴퓨터는 '기술'이라는 문자를 이렇게 치환된 숫자 코드로 받아들인 후 이를 이진법으로 인식한다. 이러한 방식 때문에 컴퓨터는 계량화하지 못하는 것은 인식하지 못한다. 예를 들어, "나는 당신을 얼마나 사랑합니다"라고 할 때, 그 '얼마나'가 정의되지 않으면 계량화가 불가능하다. 얼마나와 관련한 수치는 다른 데이터들을 분석해 가장 확률이 높은 수치로 예측할 뿐이다.

계량화의 결과로 예측되는 확률의 계산은 서열화에 따른다. 숫자들은 연속성을 갖고 있으며, 이 특성은 특정한 기준에 따라 수들의 서열화를 가능하게 한다. 예를 들어 연애 상대자 매칭 사이트 등에서 특정 이용자가 자신의 나이, 직업 등 신상 정보를 입력하면 연애 상대 매칭 확률을 계산하는 것이 가능하다. 알고리즘은 계량화된 숫자들의 배열 패턴을 처리해 그 다음에 올 숫자들을 예측하는데 이때 가장 중요한 전략이 서열화다. 방대한 양의 정보를 빠르게 정렬하여 제시하기 위한 효율적 방식이기 때문이다. 이러한 서열화의 기준은 기계가 읽는 데이터의 양만큼 다양하다. 예를 들어, 구글은 200여 개 항목으로 검색 순위 결과를 구성하며, 1년 평균 약 500회 정도 검색 결과 서열화 알고리즘을 조정한다. 기계가 읽어 들이는 이용자 행위 데이터가 지속적으로 변하기 때문이다. 같은 검색어에 관한 결과 페이지에서도 거의 매일 크고 작은 검색 결과 순위 변화가 발생하는 이유다.

기계가 읽을 수 있도록 한 계량화, 수집하는 데이터에 따른 서열화가 이루어지면 알고리즘을 통한 특정 행위의 자동화가 가능하다.[38] 어떤 패턴을 파악할 수 있을 만큼 충분한 데이터의 양이 존재하면, 확률에 따라 특정 행위를 자동화할 수 있다. 알고리즘의 설계자들은 기술에 따른 기계적 조치는 가치 중립적이기 때문에 그 결과물이 사람보다 객관적이고 공정하다는 점을 강조한다. 특히, 그 결과에 대해 설계자들의 가치가 반영되지 않는다고 주장한다. 하지만 일부 이용자들은 검색 결과는 공정한지, 뉴스 배열은 공정한지, 가격 책정은 공정한지 의문을 품는다. 결과물에 대한 문제 제기는 알고리즘이 개입한 다양한 분야에서 계속되고 있다. 자동화 알고리즘의 결과물들에 대한 문제 제기가 이루어지는 가장 큰 이유는 인공지능 등 기술이 자동화를 위해 학습하는 기존 데이터들이 대부분 인간이 만들어 낸 것이기 때문이다. 인간이 역사적으로 갖고 있던 젠더 편향, 인종 편향 등이 담긴 데이터들을 학습하고 데이터로 변환이 불가한 것들은 학습하지 못한 결과다. 인공지능 등 기술의 자동화에 따른 결과물들은 어느 정도 편향성bias을 드러낼 수밖에 없는데 그 이유는 크게 세 가지다.[39]

첫째, 자동화를 통해 해결해야 할 문제 틀짓기framing the problem에서 생기는 문제로, 예컨대 심층 학습을 통해 이용자의 신뢰도를 측정한다고 할 때 이 신뢰도라는 개념 자체가 모호해 발생하는 것이다. 모호한 개념을 억지로 치환하여 "3000만큼 사랑해"라고 표현한다면, 누가 무언가를 얼마나 신뢰하는지는 사실 측정이 불가능하다. 이러한 개념을 연산할 수 있게 치환하는 과정에서 공정성이나 차별성보다는 다양한 사업적 이해관계가 반영된다. 실제 사람들 사이의 신뢰도를 측정하는 것이 아니라 특정 입장에서 연산이 가능한 것들만을 데이터로 변환해 측정함으로써 생기는 문제다. 둘째, 데이터 수집collecting the data 과정에서 발생하는 문제로 수집된 데이터가 현실을 대표하지 못하고 일부만을 표상하는 경우나 현재 인간 사회에 존재하는 다양한 형태의 편향을 반영하는 경우다. 이때 데이터가 더 많다고 더 바람직한 것은 아닌데, 이는 그동안 인간이 쌓아 온 역사적 편향의 강화로 이어질 수도 있기 때문이다. 젠더, 인종 편향이 대표적 사례들이다. 셋째, 속성 데이터의 선택 preparing the data 과정에서 발생하는 문제로, 자동화를 위한 변인으로 속성들을 선택하는 과정에서 발생한다. 예를 들어, 신뢰도를 측정할 때 연령, 수입 등을 고려하는데, 이는 신뢰도와 상관관계는 있지만 인과 관계는 갖지 않을 수 있다. 또한, 이 과정에서 속성으로 선택되거나 무시되는 것들이 발생하는데 측정하려는 개념을 그 속성들이 정확히 표상하는지는 검토되지 않는다. 즉, 정확도만을 위해 속성을 고려할 경우 이러한 문제가 자주 발생하는데, 현실은 정확하기 보다는 복잡한 경우가 많기 때문이다. 예를 들어, 평균적으로 나이가 많은 사람들이 정치에 대한 신뢰도가 높다는 것이 반드시 나이가 많다고 신뢰도가 높다거나 나이가 많아야 신뢰도가 높은 걸 의미하지는 않는다. 나이가 어리더라도 정치에 대한 신뢰도가 높을 가능성은 분명히 있다.

보다 근본적으로는 자동화를 위해 학습시킨 데이터 자체의 한계, 그리고 측정 불가능한 개념을 연산함으로써 생기는 문제가 있다. 이러한 문제는 크게 네 가지로 구분할 수 있는데,[40] 첫째, 무작위 오류random error로 인간이 무언가를 측정하고자 할 때, 장비의 문제 혹은 인간의 실수로 데이터가 잘못 기록되는 경우를 말한다. 둘째, 체계적 오류systematic error로 무엇을 표본 추출하는가에 따라 실제로 그렇지 않은 측정값이 참값으로 간주되는 경우를 말한다. 셋째, 무엇을 측정할 것인가를 결정할 때 나타나는 오류errors of choosing what to measure로 측정 시 애초 생각한 것 외에 다른 것을 측정하는 경우를 말한다. 넷째, 배제의 오류errors of exclusion로 인종, 성별 등 역사적 편향이 쌓인 통계를 기반으로 한 선행 데이터에 기반해 그 편향을 고려하지 않고 예측하는 경우를 말한다. 이에 따라 자동화 알고리즘 결과물들의 공정성을 확인하기 위해 그 작동 원리, 과정 등을 모두 투명하게 공개하라는 요구도 나오고 있다.

하지만, 공정성과 투명성 요구에 대한 반론도 있다. 인공지능 기술에 따른 자동화의 결과물들은 최초 설계 후 이용자 행위 데이터를 학습해 이용자에게 최적화되는 방향으로 끊임없이 변화한다. 기계 학습 도입에 따른 결과다. 다시 말해 최초 설계된 알고리즘에 따라 학습을 거듭하면서 필요한 지식을 기계가 갖추게 되는 것이다. 이 과정은 사람의 학습 과정과 비슷한데, 그 결과 알고리즘에 따른 인공지능은 사람이 그동안 쌓아 왔고 지속적으로 쌓아 가고 있는 데이터를 학습하면서 점차 인간과 비슷한 성향의 결과물을 만들어 내게 된다. 설계된 알고리즘과 인공지능 기술이 공정하지 않은 것이 아니라, 학습의 대상이 되는 데이터, 즉 사람이 만들어 낸 데이터들이 공정하지 않기 때문에 그 결과를 반영했을 뿐이라는 반론이다.[41] 또한, 이러한 기계의 학습 과정은 매우 복잡하기 때문에 알고리즘을 투명하게 공개한다 하더라도 그 내용을 충분히 알 수 없을 것이라는 주장도 함께 제기되고 있다.[42]

편향은 누가 만드는가

학습 데이터로 인한 편향

자동화 알고리즘의 결과물이 드러내는 편향의 대표적 사례는 젠더와 인종 편향을 꼽을 수 있다. 성 역할의 고착화된 표상, 여성에 대한 상대적 차별이나 유색 인종에 대한 차별 등이다. 자동화된 결과물에 드러난 젠더 편향의 대표적 사례로 언급되는 것은 검색 엔진의 이미지 검색 결과다.[43] 구글 이미지 검색에서 '의사'와 '간호사'를 검색하면 의사의 경우에는 남성을, 간호사의 경우에는 여성을 절대 다수로 제시한다.

　　역사적으로 의사의 경우 남성, 간호사의 경우 여성이 다수인 것은 맞다. 하지만, 성별에 따른 직업의 고착화를 경계하여 실제 교육 현장에서는 남성을 의사, 여성을 간호사로 고정해 인식하지 않도록 가르치고 있다. 그런데 구글의 이미지 검색 결과에서는 남성은 의사로 여성은 간호사로 표상되고 있는 것이다. 이는 구글 검색 엔진의 설계 잘못은 아니다. 그동안 인간이 쌓아 온 데이터들을 구글의 검색 엔진이 수집한 결과에 따른 것이기 때문이다. 더 많은 데이터가 누적되는 과정에서 그동안 인간이 쌓아 온 역사적 편향이 드러난 것뿐이다. 이러한 결과물의 편향성은 이미지 검색뿐만 아니라 구글에서 뉴스를 검색하면 나타난다.

구글에서 뉴스 기사 수십만 개를 수집하고 분석한 연구 결과[44]에 따르면, 기사에서 나타난 가장 극단적인 여성의 직업은 주부homemaker, 간호사nurse, 각종 접수원receptionist, 사서librarian 등의 순이었다. 가장 극단적인 남성의 직업은 마에스트로maestro, 선장skipper, 제자protege, 철학자philosopher, 기장captain 등의 순이었다. 이외에도 뜨개질과 숟가락은 여성, 테니스 라켓은 남성 등 젠더 전형성이 무수히 확인됐다. 뜨개질은 옷가지를 만드는 여성의 일, 숟가락은 요리와 설거지라는 여성의 일로 연관시켰고, 테니스는 20세기 초까지 남성의 전유물이라는 점에서 남성과 연관시킨 것이다. 연구진은 이러한 결과를 확인한 후 수집한 기사들을 데이터화해 기계 학습을 진행한 뒤 "남성의 직업이 프로그래머라면 여성의 직업은 뭐냐"라는 질문을 던졌는데 기계는 주부라고 답했다. 뉴스 기사는 사람이 그동안 쌓아 온 대표적인 데이터라고 할 수 있는데, 이를 기계가 학습하는 과정에서 편향성을 반영하고 나아가 증폭시킨다는 것이 연구 결과다. 결국 이러한 결과물의 편향은 알고리즘 설계의 결함이 아니라 인간이 역사적으로 쌓아 온 내용들을 학습하면서 생긴 결과라고 할 수 있다.

젠더 편향은 구글에 국한된 것이 아니다. 인간이 쌓아온 데이터 전반에 나타나는 현상이기 때문이다. 일반 이용자들이 만들어가는 온라인 백과사전 '위키피디아Wikipedia'에 올라온 내용을 분석한 연구[45]에 따르면, 여성을 설명하는 방식과 남성을 설명하는 방식이 다른 것으로 나타났다. 여성의 경우 남성으로 링크가 잘못 걸리는 경우가 많지만, 남성의 경우는 여성으로 걸리는 경우가 거의 없었다. 또한, 결혼이라는 단어의 경우 여성으로 링크가 걸리는 경우가 남성보다 네 배가량 많았다.

젠더 편향만큼 자동화 알고리즘 결과물의 인종적 편향도 자주 나타난다. 차량 공유 서비스 '우버Uber'의 예약 내역을 분석한 연구[46]에 따르면, 예약자가 흑인 이름처럼 보일 때는 우버 예약이 취소되는 경우가 백인의 경우보다 두 배 이상 높았으며, 차량을 기다리는 시간도 백인보다 35퍼센트 이상 긴 것으로 나타났다. 여성일 때 남성보다 좀 더 오래 차량을 기다려야 하며, 비용도 비싸게 내는 경우가 많았다. 숙박 공유 서비스인 '에어비앤비Airbnb'의 숙박비를 분석한 연구[47]에서는 비슷한 지역, 비슷한 규모의 방이더라도 주인이 흑인이 아닐 경우 흑인이 주인인 경우보다 평균적으로 12퍼센트 높게 숙박비가 책정되고 있는 것으로 나타났다. 우버와 에어비앤비 모두 최초 설계 당시에는 인종적 요인이 포함되지 않았으나, 이용자들의 데이터가 축적되고 그 축적된 내용이 비용 산출 시스템에 반영되면서 결과적으로 인종적 편향을 드러내게 된 것이다.

감시 카메라 등을 통한 얼굴 인식에서도 이러한 편향은 쉽게 찾아볼 수 있다. 중국 정부는 CCTV 등 다양한 장치를 통해 시민들의 물리적 움직임을 실시간으로 감시하고 있다. 주로 범죄자 등을 감지하기 위한 목적이지만, 정치적으로 반대 성향인 사람들의 감시 용도로도 활용되고 있다. 한 업체의 추정에 따르면 현재 중국 전역에 설치된 감시 카메라 수는 1억 7600만 개 이상이며, 100퍼센트가량의 베이징 시민이 매일 감시 카메라에 노출되는 것으로 알려졌다.[48] 문제는 이러한 감시 카메라에 사용되고 있는 얼굴 인식 시스템의 신뢰도다. 미국 경찰이 사용하는 아마존의 얼굴 인식 소프트웨어의 성능을 분석한 결과[49]에 따르면, 이 소프트웨어가 사람의 성별 등을 예측하는 데 정확도가 떨어지는 것으로 나타났다. 밝은색 피부를 가진 사람의 경우는 비교적 정확도가 높았지만, 어두운색 피부를 가진 사람을 대상으로 하면 정확도가 떨어졌다. 특히, 어두운 색 피부를 지닌 여성의 얼굴 인식의 경우 30퍼센트가 틀린 것으로 나타났는데, 이는 인종별 학습 데이터양의 격차 문제로 인한 것이다. 구글이 구글 포토 서비스를 한동안

무료로 제공한 이유도 데이터 확보에 있다고 추정할 수 있다.

자동화 알고리즘의 결과물에서 인종적 편향이 가장 극명하게 드러난 사례는 미국 법원에서 사용하고 있는 콤파스(COMPAS · Correctional Offender Management Profiling for Alternative Sanctions) 시스템이다. 콤파스는 영리 기업인 노스포인테Northpointe에서 만든 형량 선고 및 재범 확률 예측 시스템으로, 범죄 관련성과 함께 대인 관계 및 생활 방식relationships/lifestyles, 성격 및 태도personality/attitudes, 가족family, 사회적 배제social exclusion 영역으로 구분하여 측정한 후 이를 종합해 형량을 선고한다. 미국의 탐사 보도 매체 프로퍼블리카ProPublica가 지난 2016년 콤파스를 활용해 플로리다에서 체포된 범죄자 1만 명을 대상으로 재범 가능성을 예측한 결과[50], 비슷한 상황임에도 흑인을 백인보다 두 배나 더 많이 재범 대상으로 예측했다. 콤파스는 역대 판결을 기계 학습한 결과에 따라 판정한 것으로 인간 판사들이 그동안 얼마나 인종적 편향을 지닌 채 판결해 왔는지를 보여주는 결과다. 영국 경찰이 범죄 예측에 활용하고 있는 'HARTHarm Assessment Risk Tool' 시스템에서는 인종적 편향 외에 빈부에 대한 편향도 나타났는데, 실제 범죄 여부와 상관없이 가난한 사람들이 부유한 사람들에 비해 더 범죄 확률이 높은 것으로 판단됐다.[51]

측정 개념의 모호함으로 인한 편향

자동화 알고리즘의 결과물이 편향을 드러내게 되는 요인에는 학습에 사용한 데이터와 함께 그 결과물이 목표로 하는 개념의 모호성이 있다. 예를 들어, 어떤 사람의 신뢰도를 측정한다고 할 때, 그 신뢰도의 구성 요인에는 다양한 것이 있을 수 있다. 평소 그 사람의 태도, 사람을 만났을 때 짓는 표정, 말과 행동의 일치 여부 등 각자 다양한 요인을 복합적으로 생각해 그 사람의 신뢰도를 평가할 것이다. 하지만, 인공지능 등의 기술은 그 사람의 신뢰도를 평가할 때 측정이 가능한 요인들, 즉 연산 가능한 데이터로 치환할 수 있는 요인들만 판단의 근거로 활용한다.

중국 정부는 일종의 '알고리즘 감시 체계system of algorithmic surveillance'를 구축해 자신들이 우려하는 시민들을 가려내고 감시하는 용도로 활용하고 있다.[52] 중국 정부는 시민들의 '신뢰 점수credit score'를 계산한다. 이 신뢰 점수는 어떤 물건을 샀는지, SNS상에서 어떤 활동을 했는지 등을 수집해서 자동으로 책정된다. 이 점수는 일반적인 금융 신용도가 아니라 정치적 신뢰도를 판단할 목적으로, 비디오 게임, 책, 주류 등 구매 내역을 분석해 이 사람이 정부에 대해 정치적으로 어떤 성향을 지녔는지를 수치화한 것이다. 또한, SNS상에서 발언한 내역, 공유한 내역 등도 수집한 후 이를 점수 산출에 활용하고 있다.

정치적 신뢰도라는 개념이 명확히 정의되지 않은 채, 수집 가능한 데이터만을 요인으로 활용해 특정 시민의 정치적 신뢰도를 산출하는 것이다.

검색된 기사의 배열에서도 문제가 발생하고 있다. 기사의 배열은 중요도에 따라 이루어지지만 그 중요도를 어떻게 측정할 것인가에 대해 저널리즘 관점에서 명확하게 합의된 기준은 없다. 다음 장 그림은 2018년 10월 30일 14시경 네이버에서 '양진호'를 검색어로 입력한 뉴스 검색 결과 화면이다. 당일 13시에 뉴스타파는 양진호 회장의 폭행과 관련한 단독 기사 세 꼭지를 연달아 발행했다. 하지만, 해당 단독 기사가 발행된 지 한 시간여 지난 시점에 검색한 결과, 아래 그림 상단의 빨간 상자 내용처럼 원본 기사 세 꼭지가 해당 기사를 참고해 종합한 다른 기사의 관련 기사로 엮여서 제공되고 있다.

저널리즘 관점에서 기사를 배열했다면 당연히 원본 문서인 뉴스타파 기사들이 상단에 노출되어야 하지만, 자동화된 검색 결과는 다소 이해하기 어렵다. 네이버는 뉴스 검색에 클러스터링 기술을 적용하고 있다. 네이버의 클러스터링은 기사 본문의 형태소 분석을 통해 기사 간 유사도를 자동으로 측정하고 분류하여 유사한 기사끼리 묶어 내는 기술이다. 유사도만으로 각 기사의 중요도를 판단한 결과, 세 꼭지로 나눠 쓴 뉴스타파의 원본 기사보다 세 꼭지를 모두 모아 만든 후속

위디스크 창립자 양진호 회장, 직원 폭행 영상 찍게한 이유는
아주경제 ㅣ 5분 전 ㅣ [⌐]
- 국내 대표 웹하드 위디스크 창립자 **양진호** 한국미래기술 회장 전직 직원 폭행 논란 윤정훈 기자 yunright@ajunews.com [사진=뉴스타파 영상 갈무리] 국내 대표 웹하드인 위디스크 창립자 **양진호** 한국미래기술 회장이 전직...
ㄴ '몰카 제국의 황제' **양진호**(1) 사무실… 뉴스타파 ㅣ 1시간 전 ㅣ 네이버뉴스
ㄴ '몰카 제국의 황제' **양진호**(2) 폭행 … 뉴스타파 ㅣ 1시간 전 ㅣ 네이버뉴스
ㄴ '몰카 제국의 황제' **양진호**…무차별 … 뉴스타파 ㅣ 1시간 전 ㅣ 네이버뉴스
관련뉴스 4건 전체보기>

양진호 폭행 영상 일파만파, 직접 영상 촬영 지시 '충격'
부산일보 ㅣ 15분 전 ㅣ 네이버뉴스 ㅣ [⌐]
사진=뉴스타파 유튜브 영상 캡처 **양진호** 폭행 영상 일파만파, 직접 영상 촬영 지시 '충격' 30일 뉴스타파는 '진실탐사그룹 셜록'과 함께 **양진호** 한국미래기술 회장이 전직 직원을 무차별 폭행한 영상을 확보해 공개했다....

양진호, 전 직원에 무차별 폭행·욕설…"너 살려면 똑바로 사과해, XX새끼"
뉴스웍스 ㅣ 6분 전 ㅣ [⌐]
양진호 (사진=뉴스타파 유튜브 캡처) **양진호** (사진=뉴스타파 유튜브 캡처) [뉴스웍스=이동현 기자] 위디스크와 파일노리의 실소유주인 **양진호** 한국미래기술 회장이 전직 직원을 무차별 폭행한 영상이 논란이 되고...

양진호 폭행영상 공개…직원 따귀 때리고 "XX야" 욕설 퍼부어
금강일보 ㅣ 35분 전 ㅣ [⌐]
뉴스타파가 공개한 폭행영상 캡처 [금강일보 = 강선영] **양진호** 폭행영상 공개…영상 촬영 직접 지시해 충격 뉴스타파가 공개한 폭행영상 캡처 **양진호** 한국미래기술 회장이 전직 직원을 무차별 폭행한 영상이 공개됐다....

2018년 10월 30일 네이버 뉴스 검색 결과

유사 기사가 더 중요한 기사로 상단에 배치된 것이다. 기사의 중요도라는 개념을 우선 측정 가능한 유사도만으로 계산해 자동으로 배열한 결과다.

이렇듯 모호한 개념을 연산 가능한 요인으로 측정하면서 발생하는 결과물의 편향에는 개인화에 따른 가격 책정도 있다. 개인 맞춤 추천이라고 하지만, 그 과정에서 해당 서비스를 제공하는 기업의 이해관계가 우선 반영되는 것이다. 미국

의 전자 상거래 업체들의 개인별 가격 정책에 관해 연구한 결과[53]에 따르면, 같은 상품이더라도 수집한 개인 정보에 따라 상거래 업체들이 가격을 조정하고 있었다. 연구진은 이용자 쿠키 등을 분석해 개인 맞춤형 가격을 제공하는 곳들의 가격 변동 폭을 조사했는데 위치, 연령, 과거 구매 내역 등에 따라 가격이 차별적으로 제시되는 것으로 나타났다. 특히, 오르비츠Orbitz의 차량 렌트 가격은 같은 시간, 비슷한 지역에서 접속해도 개인별로 100퍼센트까지 가격 격차가 발생했다. 이는 기업들이 개인 맞춤형이라는 측정이 모호한 개념을 내세워 자신들의 수익을 최우선으로 반영하는 방식으로 자동화하여 결과를 제시한 탓에 발생한 결과다. 기업의 수익이라는 명확한 목표가 맞춤형이라는 모호한 측정 개념을 통해 구현되면서 발생한 문제라고 할 수 있다. 맞춤형이라고 하지만 사실 그 사람에게 정확히 맞추는 것은 굉장히 어렵다. 자동화된 결과물을 이용하는 사람들은 맞춤형이라는 모호한 개념이 그럴듯하기 때문에 받아들인다. 기업은 맞춤형이라는 그럴듯함 속에 자신들의 수익 목적을 숨긴다. 맞춤형 자체가 사실 측정이 불가능하거나 모호하기 때문에 자신들의 목적을 숨기기 쉽다.

숫자로 읽을 수 없는 것들

학습 데이터의 문제, 측정 개념의 모호함 등으로 인해 자동화 알고리즘의 결과물들에서 드러나는 편향과 그로 인한 문제들은 사실 해결이 쉽지 않다. 인공지능 등 기술에 따른 결과물들이 드러내는 편향 문제의 해결이 어려운 이유[54]는 첫째, 기계 학습 과정에서 활용되는 데이터들이 상호 간 전방위적으로 상관관계가 추정되면서 어떠한 결과가 나올지 전혀 알 수 없다는 점이다. 그 추정의 과정도 공개되지 않기 때문에 어떤 관계를 갖는지 모른 채 결과만을 부여받게 된다. 둘째, 기계의 학습 과정 자체가 성능을 최대화하도록 모델링되어 있다는 점이다. 만약, 학습에 사용된 데이터에 젠더, 인종적 편향이 있다는 점을 설계자가 인지하고 이를 반영하더라도 기계 학습의 기본 전제는 성능 최대화이기 때문에 그 편향을 해결하기보다는 최고의 성능을 내기 위해 무시할 수도 있다. 셋째, 사회적 맥락의 결여다. 편향이라는 것 자체가 시대, 지역 등 사회적 맥락에 따라 다른데 그러한 맥락까지 기계가 고려하는 것은 사실상 불가능하다. 넷째, 공정성의 정의The definitions of fairness다. 무엇이 공정한지 뿐만 아니라 무엇이 편향인지도 상황에 따라 다르다. 공정성이 무엇인지 정의할 수 없기도 하지만, 우리가 공정하다고 믿어 온 것 자체가 역사적으로 볼 때 공정하지 않았던 경우도 많다.

러시아 외무부는 CNN 등 전 세계적 유력 언론들을 '페이크 뉴스fake news'라고 규정해 홈페이지에 게시하고 있다. 러시아와 관련한 뉴스에 대해 러시아와 다른 국가 간에 큰 시각 차이를 보이는 것이다. 공정성은 결국 상대적이며 사회적이다. 이는 편향의 문제를 바로 잡기 위해 공정성을 데이터 과학의 관점에서 정의한 수많은 연구가 있었음에도 여전히 문제가 해결되지 않는 이유다. 데이터 과학 관점에서 공정성을 연구한 결과들을 분석한 발표[55]에 따르면, 계량적 기준에 따른 공정성에 대한 정의는 30여 개 이상 내려졌지만 완벽한 공정성에 대한 정의는 없었으며 도출된 여러 정의 중 상당수는 서로 상충하는 것으로 나타났다. 모든 맥락에서 적용 가능한 공정성에 대한 정의는 없다고 할 수 있으며, 편향과 공정성을 올바르게 정의하고 이를 바로 잡기 위해서는 광범위한 맥락에 대한 고려가 필요하다. 또한, 결과적으로 드러난 편향을 편향으로 인지하는 것도 쉬운 일이 아니다. 자신의 현재 상황과 이해관계에 따라 편향에 대한 민감도가 서로 다르기 때문이다.[56]

여기에 데이터의 양이 폭발적으로 증가하면서 그 어려움을 더하고 있다. 방대한 양의 정보 처리가 불가능한 인간과 그것이 가능한 기계의 통역 불가능성incommensurability은 더욱 커지고 있다.[57] 인간과 기계의 사고 기반이 명확하게 구분되면서 상호 간에 소통이 불가능해지는 것이다. 투명하게 데이터를 공개한다 해도 그 데이터를 읽어 내고 처리할 수 있는 사람의 수는 점점 더 제한되어 가고 있다. 비정형 데이터의 폭발적 증가로 인해 일반적인 PC로는 감당할 수 없는 데이터들이 보이지 않는 가운데 쌓여 가고 있으며, 이 데이터들이 어디에 존재하고 있으며 어떻게 이 데이터 접속해야 하는지를 아는 소수의 사람들이 점점 권력이 되어 가고 있다.[58] 어디까지 공개하는 것이 투명한지도 소수만이 논하는 일이 되는 것이다. 이렇듯 우리는 자동화의 과정에 대해서 점점 더 알기 어려워지고 있다. 지금도 알기 어렵지만, 대부분의 사람들에게 앞으로도 전혀 모르는 일이 될 것이다. 결국, 우리는 자동화 알고리즘의 결과물만 받아 볼 수밖에 없지만, 그 결과물이 우리 삶에 미치는 영향은 점점 더 커지고 있다. 데이터의 폭증 때문에 편향을 탐지하기 위해 더욱 기술이 필요하다는 주장도 제기되고 있다. 사람이 읽을 수 없는 크기의 데이터를 직접 검증하는 것은 불가능하므로 그 편향의 탐지도 결국 기술의 힘을 빌려야 한다는 것이다.[59]

실제로 구글, IBM 등 대형 기술 기업들은 자동화 결과물에 드러나는 편향을 수정할 수 있는 기술적 도구들을 만들어 제시하고 있다. 구글의 'What-If Tool'[60]은 이용자들이 기계 학습 과정에서 다섯 가지 공정성 유형[61]을 시험해 볼 수 있도록 만든 도구다. 이것은 기계 학습 모델을 적용하기 전, 이미 편향이 반영된 모델의 성능과 예측값을 평가하거나 데이터에 반영된 인간의 편향을 식별하는 것에 초점을 맞추고 있다. IBM이 개발한 기계 학습 결과의 편향성 완화 도구인 'AIF360AI Fairness 360 Open Source Toolkit'은 데이터에 내재된 편향 성을 사전에 평가해 볼 수 있는 목록을 제공한다. 오픈 소스 로 개발된 AIF360은 기계 학습 전 데이터를 사전 처리하는 과정에서 편향이 개입될 수 있는 항목의 가중치를 조정한다. 또한, 70여 개의 알고리즘 공정성 지표와 10여 개의 편향 보 정 알고리즘을 제시하고 있으며, COMPAS, 신용평가 알고리 즘, 성인 소득 분류 등 데이터를 기반으로 한 테스트 내역을 제공하고 있다. 이외에 페이스북, 마이크로소프트, 링크드인 등도 편향성 제거 및 완화를 위한 도구를 제공하고 있다.

공정성 문제 해결을 위한 일련의 공학적 관점의 접근들 은 모두 편향성을 피하는 것에서 출발한다. 공정성의 정의가 어렵고 복잡한 맥락을 고려해야 하니 명백한 편향성만 피하 면 될 것이라는 판단에 따른 것이다. 즉, 젠더와 인종 등 이미 명백한 편향들을 수정할 수 있으면 어느 정도의 공정성을 구 현할 수 있을 것이라는 생각이다. 문제는 이러한 편향을 수정 하려는 기술의 작동 과정도 보이지 않는다는 점이다. 무엇이 편향인지를 판단하는 근거가 제대로 제시되지 않고 그 편향 을 어떠한 기준에 따라 수정했는지의 과정을 알 수 없는 상태 에서 결과만을 받게 되는 것이다. 알고리즘 공정성 모델 대부 분이 실제 공정성 구현에 있어서 아직은 실패하고 있다는 평가를 받는 이유다.[62] 인간이 판단하는 편향도 인권 등에 대한 역사적 진보에 따른 결과이지 애초부터 존재한 것은 아니다. 지금의 편향은 과거와 다르고 미래엔 더 다를 수 있다.

인간은 어떻게 대응하고 있는가

법·제도적 대응 사례

자동화 알고리즘 결과물이 드러내는 편향과 그것이 초래할
수 있는 문제에 대해서는 이미 많은 지적이 있었다. 유럽 연합
EU의 '일반 정보 보호 규정(GDPR·General Data Protection
Regulation)' 등 법률적 움직임이나 구글, 마이크로소프트, IBM
등 기업의 자체적인 인공지능 기술 관련 윤리 규정 제정, 시민
단체와 연구소 등을 중심으로 한 인공지능 기술 가이드라인
등 자동화 알고리즘 결과물의 문제를 방지하기 위한 다양한
노력이 있었다. 우리나라에서도 방송통신위원회가 '이용자
중심의 지능 정보 사회를 위한 원칙'을 발표한 바 있으며, 카
카오도 '알고리즘 윤리 헌장'을 제정한 바 있다. 학습 데이터
및 여사 불가능한 측정 개념으로 인한 기술적 한계들이 빚어
내는 문제는 새로운 것이 아니다. 하지만, 문제 해결을 위한
완전한 방법이 없으므로, 문제를 최소화하면서도 기술에 따른
발전을 저해하지 않기 위한 다양한 시도들이 이어지고 있다.

먼저 법률적 대응 사례로 지난 2019년 4월 론 와이든Ron
Wyden 미국 상원 의원은 '알고리즘 책무성 법안algorithm
accountability bill'[63]을 발표했다. 해당 법안은 자동화 알고리즘의
결과물을 '자동화된 의사 결정 시스템automated decision system'으로

폭넓게 정의한다. 자동화된 의사 결정 시스템은 기계 학습, 통계 데이터 처리, 인공지능 기술 등을 통해 소비자의 의사 결정에 영향을 미치는 기계적 계산 과정 체계를 의미한다. 다음은 '자동화된 의사 결정 시스템 영향 평가automated decision system impact assessment'로 기업들의 자동화된 의사 결정 시스템이 미치는 영향을 어떻게 평가할 것인지를 명문화했다. 법안은 이러한 평가 항목들과 함께 평가 대상 기업의 범위도 법안에 명시했다. 연간 총수입이 5000만 달러 이상이거나, 최소 100만 명의 이용자 기기에 대한 정보를 보유하거나, 이용자 데이터를 사고파는 데이터 중개자data broker 역할을 하는 기업 등이다. 또한, 자동화된 의사 결정 시스템 외에 '고위험 자동화된 의사 결정 시스템high-risk automated decision system'을 별도로 규정한다. 여기에는 자동화된 의사 결정 시스템 중, 이용자에게 차별을 불러올 수 있는 민감한 정보(인종, 국적, 정치 성향, 종교, 노동조합 가입 여부, 유전자 데이터, 성 정체성, 범죄 경력 등)를 불공정하고 편향적으로 사용하여 이용자에게 중대한 영향을 미칠 수 있는 위험을 내재한 경우, 공개적으로 접근할 수 있는 광범위한 물리적 장소를 체계적으로 감시하는 경우 등이 포함돼 있다. 규제 대상 기업들은 법안에 따라 이용자의 권리에 영향을 미치는 모든 행위들, 즉 이용자의 행동을 예측하고 분석하려는 시도를 비롯해 개인과 관련한 민감한 데이터를 방대하게 축적하는 물리적 장소를 감시하는 알고리즘 등을 스스로 평가해야 한다.

이 법안에 대해 일부에서는 새로운 시도이며 의미 있는 발걸음이라고 환영했지만, 기업들은 영업 노하우를 침해할 수 있으며, 새로운 기술 발전을 저해할 수 있다고 우려했다.[64] 법안의 실제 통과 여부와 상관없이 이 법은 자동화된 결과물들의 편향 및 오류의 수정을 명령할 법적 권한을 국가에 부여했다는 점에서 의미를 지닌다. 법안이 통과되지 않더라도 플랫폼 기업들에게 자동화 알고리즘 결과물이 가져올 수 있는 문제 해결에 대한 책임감을 부여해, 단지 기술의 결과물이기에 자신들의 책임은 없다는 주장을 반박할 수 있는 근거가 될 수 있다.

캐나다의 브리티시컬럼비아주Province of British Columbia의 시설 안전국(BC Safety Authority, 이하 BCSA)은 이러한 문제들에 제도적으로 대응하고 있다. BCSA는 자신들이 운영하는 시설들의 보수 및 설치 등과 관련한 자원 할당 프로그램(Resource Allocation Program, RAP)을 운영하고 있다. 보수가 필요한 곳 및 새로운 시설 설치가 필요한 곳을 보다 객관적으로 찾아내려는 방안으로, 한정된 자원을 보다 효율적으로 사용하기 위한 것이다. BCSA는 직원들이 내린 우선순위 판단 결과를 기계에 학습시켜 사람이 일으킬 수 있는 판단 착오나 실수를 줄이기 위한 목적에서 이 프로그램을 자동화하기로 했다. 먼저 BCSA는 '제너레이션 RGeneration R'이라는 컨설팅 회사에 자신들이 그동안 내려 온 결정들에 문제가 없는지 검토를 의뢰했다. '제너레이션 R'사는 그동안 있었던 BCSA의 우선순위 결정 내용들을 검토하고 해당 결정을 내린 당사자들과 인터뷰를 진행했다. 이를 토대로 해당 결정들을 기계 학습시키기 전에 고려해야 할 31개의 사항과 시급히 수정이 필요한 5개 사항을 제시했다.[65]

BCSA는 자신들의 결정에 혹시 있었을지 모를 편향성을 제거하기 위해 사전에 이를 점검한 것이다. 인공지능 등 기술이 자신들의 결정을 학습하면서 그동안의 오류를 그대로 학습해 같은 오류를 반복하는 문제를 없애고자 했다. BCSA는 또한, 추후 자신들과 비슷한 자동화 시스템을 만드는 기관들이 참고할 수 있도록 이러한 과정을 모두 백서에 담아 공개했다. 이를 통해 BCSA는 다음과 같이 알고리즘 개발의 5단계를 제시했다.

① 명확한 목표 설정
② 설계의 투명성
③ 기계가 자동으로 처리할 부분에 관한 결정
④ 결과에 대한 모니터링
⑤ 이해 당사자들과 결과에 대한 커뮤니케이션

BCSA는 이러한 내용을 제시하는 것에 그치지 않고 자신들이 향후 자동화 시스템을 만들 때 반드시 지켜야 하는 원칙으로 제도화했다.

사회적 대응 사례

일상의 많은 부분이 자동화 알고리즘에 따라 작동하고 있지만, 대부분의 사람은 그 작동이 자동으로 이루어진 것인지조차 모르는 경우가 많다. 자동화된 의사 결정 영역 고지를 의무화하는 방안 등이 논의되고 있지만, 고지하는 공간이나 방법이 애매한 경우도 많이 존재한다. 이러한 현실을 고려하여, 자동화 알고리즘 결과물의 편향성 문제를 해결하기 전에 일상의 영역에서 자동화된 부분을 먼저 알리는 것이 중요하다는 주장도 제기되고 있다. 특히, 정부를 비롯한 국가가 내리는 자동화된 의사 결정 영역에 대해서는 일반 시민들에게 더욱 알릴 필요가 있다는 것이다.[66] 세금 납부액, 복지 혜택 적용, 보조금 대상 선정 여부 등 국가가 결정하는 대부분의 사안은 일반 시민들에게 미치는 영향이 매우 크기 때문이다. 이러한 국가의 결정들은 다른 많은 영역과 마찬가지로 알고리즘이 적용되면서 자동화되고 있지만, 그 결정이 자동으로 내려지고 있다는 것을 아는 사람은 소수다.

미국 노스웨스턴대학교 컴퓨테이셔널 저널리즘 랩

Computational Journalism Lab에서 운영하는 '알고리즘 팁스Algorithm Tips'[67]는 정부에서 적용하고 있는 자동화된 의사 결정들의 데이터베이스다. '알고리즘 팁스'는 우리 사회에서 알고리즘에 의한 자동화된 의사 결정이 미치는 영향력을 일반 시민들에게 알리는 것을 목표로 하고 있다. 이를 위해, 각종 알고리즘들을 검색하고 결과물들에 대해 질의하는 등의 방식으로 미국 연방정부 차원에서 적용되고 있는 자동화된 의사 결정 내용들을 정리하여 축적하고 있다.

이와 함께 알고리즘 팁스는 미국 연방정부의 자동화된 의사 결정 시스템 명칭을 제시한 후 그 시스템이 어떻게 작동하고 있는지 설명한다. 그 과정에서 이것이 왜 중요한지를 제시한 뒤에는 우리 삶의 어떤 부분과 관련된 주제인지 범주화한다. 시스템을 담당하는 곳은 어디인지 등의 정보와 함께 언제부터 적용되었는지, 만든 곳은 어디인지, 전산화 여부 및 출처까지 기록하고 있다. 2021년 10월 현재 알고리즘 팁스에 등록된 자동화된 의사 결정 목록은 총 652개이다. 알고리즘 팁스의 대응 방식은 자동화 결과물의 여러 문제를 직접 해결하지는 못한다. 하지만, 어떠한 결과물이 문제가 될 수 있는지를 일반 시민들에게 알리는 좋은 방법이라고 할 수 있다. 그 결정이 자동으로 이루어진 것인지도 모르는 경우도 많기 때문이다.

블랙박스로서 알고리즘과 인공지능에 대한 투명성, 책무성, 공정성, 설명 가능성 등에 대한 요구가 많지만 무엇이 공정성을 담보한 설명인지에 대해 모두가 합의한 바는 없다. 또한, 얼마나 투명해야 하는지도 공통의 기준은 존재하지 않는 상황이다. 가령, 투명성을 위해서 은행이 대출 금리 결정 요인을 어떤 기준에 따라 공개해야 하는지에 대해 누구도 쉽게 답을 할 수 없다. 실제로 은행이 결정 요인을 모두 공개한다면, 그 은행은 이용자들의 항의로 인해 망하는 지경에 이를 수도 있기 때문이다. 설명을 요구할 권리right to explanation가 GDPR을 통해 알려지기는 했지만 법에 명시된 것은 아니며, 이는 '조건법적 설명counterfactual explanations'을 제공해야 한다는 주장이 이론적으로 제기되고 있는 배경이다.[68]

조건법적 설명은 알고리즘 혹은 인공지능 등 기술이 자동화에 사용된 모든 요인을 투명하게 공개하는 것이 아니라 이용자들이 자동화를 통해 원하는 결과를 얻기 위해 최소한으로 필요한 조건들을 제공하는 것이다. 예를 들어, 왜 대출이 거부됐는지 알려줌과 동시에 대출 승인을 위해 필요한 최소한의 요인들을 알려주고 그 충족의 조건들을 제시하는 방식을 연구진들은 제안한다. 예금 잔고가 부족해서 대출이 거절됐는데, 잔고를 얼마 더 쌓아야 하는지 알려주는 방식이다. 이렇게 하면 코드를 공개할 필요가 없으며, 자동화에 필요한 각 요인들을 모두 제공할 필요도 없다. 일반 사람들은 기계 학습이 어떻게 작동했는지를 알 필요가 없으며, 기업들은 코드 공개의 위협에서 자유로울 수 있다.

공정함에 대한 기준을 정립하기는 어렵지만, 알고리즘들이 어떠한 사회적 과정들에 적용되고 있는지 알리는 것이 중요하며, 원하는 결과를 얻기 위해 각 개인들이 어떠한 노력을 해야 하는지 알게 하는 것이 중요하다는 것이다. 이를 위해 어떻게 설명할 것인가에 대한 방법도 제시한다.

① 왜 이런 결정이 이루어졌는지 이해할 수 있도록 알리고 돕는다.
② 원치 않은 결과가 나왔다면 그 결정을 시험해 볼 수 있는 수단을 제공한다.
③ 현재의 의사 결정 모델에 따라 향후 바라는 결과를 얻기 위해서 무엇을 바꿔야 하는지 이해할 수 있도록 한다.

조건법적 설명은 이론적, 개념적으로만 제시되고 있어 적용의 단계에는 이르지 못하고 있지만, 실질적 대안으로서 논의 가치는 있다.

익숙함에서 벗어나 질문을 던져야 한다

우리는 어쨌든 발전하는 기술과 공생할 것이고 공생해야 한다. 하지만, 인간 중심적 가치와 알고리즘 같은 기계적 기준은 상충하는 경우가 많다. 공정성과 편향도 마찬가지다. 소셜 매거진 플립보드의 창립자 마이크 맥큐Mike McCue는 알고리즘의 규제와 통제를 정부가 아닌 훈련받은 저널리스트들이 해야 한다고 주장한다.[69] 알고리즘이 지켜야 할 원칙들이 저널리즘의 기본 원칙(진실성과 정확성, 독립성, 공정성과 불편 부당성, 인류애, 책무성 등)과 유사하다는 것이다. 법·제도 등은 발전하는 기술을 따라가기 어렵고 기술을 통한 제어는 인간적 가치와의 상충이라는 근본적 문제가 있으므로 이를 중재할 역할이 필요하다. 알고리즘과 같은 기술이 해결하는 문제들은 우리 삶과 직접 관련된 경우가 많다. 저널리즘은 그동안 민주적 공동체의 유지와 발전을 위해 현재의 상식 기준에서 어떠한 사안의 옳고 그름에 대해 질문하고 감시해 왔다. 이러한 역할을 수행하기 위해 그동안 다양한 원칙들을 세워왔다. 그 원칙을 바탕으로 알고리즘에 의해 자동으로 결정된 대출 금리가 공정하게 적용된 것인지, 나의 관심사에 맞게 추천된 기사들이 의견 다양성을 구현하고 있는지, 맞춤형으로 추천된 가격이 정당하게 제시된 것인지 등에 의문을 갖고 질문을 던지는 것이 자동화 알고리즘의 결과물이 드러내는 편향을 해결하기 위한 한 방안이 될 수 있다. 알고리즘을 비롯한 기술은 답을 찾는 데 익숙해 있으며, 항상 인간에게 무언가 답을 제시하고 있다. 기술과 구별되는 인간의 가장 큰 특징은 그 대답을 끌어내기 위해 질문을 한다는 점이다.[70] 자동화 알고리즘이 내린 답에 질문함으로써 우리는 사후적이라도 편향 등의 문제 해결을 위한 시작점을 찾을 수 있다. 저널리즘은 권력을 감시하기 위해 질문할 권리를 시민에게 위임받아 그 기능을 수행해 왔다. 이제는 시민 누구나 저널리즘을 수행할 수 있는 환경이다.

저널리즘은 사전적으로 "뉴스를 취재하여 대중에게 보도하는 행위"[71]라고 정의할 수 있으며, 그 취재와 보도의 대상은 민주주의 공동체 사회의 유지와 발전을 위해 구성원들이 서로를 이해할 수 있도록 하는 다양한 목소리들이어야 한다. 이러한 목적에 따라 저널리즘의 수행자인 저널리스트들은 권력을 감시하고 시민을 대표해 그들에게 동등한 위치에서 질문할 권리를 갖고 있다. 언론은 권력의 남용을 방지하고 소수의 이익을 보호하기 위해 권력을 감시해야 하는데, 감시의 대상이 되는 권력은 자신들이 제공하는 모든 정보들을 저널리스트가 무조건 받아들이기를 원하는 경우가 많다.

저널리즘의 긴 역사에서 지속적으로 강조되는 가치 중 하나는 민주적 공동체라고 할 수 있다. 저널리즘은 민주적 공동체 구성에 기여하기 위해 한쪽으로 편향되지 않는 것을 원칙으로 유지해 왔다. 어느 쪽에 편향되었다면 공동체 구성의 역할을 수행할 수 없다. 그러나 거듭 강조하듯, 공정성은 정의하기가 쉽지 않다. 사람들은 실제로 편향적이거나 차별할 때만 공정하지 않다고 말하는 것이 아니다. 언론이 진실을 왜곡하거나, 사실을 부인할 때도 공정하지 않다라고 하며, 자신의 생각이나 의견과 다른 것을 언론이 말하면 그 역시 '나와 다르다'가 아니라 '공정하지 않다'라고 말한다.[72] 저널리즘은 공정성이라는 원칙을 구현하기 위한 다양한 방법론을 실험해 왔다. 공동체 구성원들과 끊임없이 대화하기 위해서는 공정함을 잃어서는 안 되기 때문이다. 이를 위해 공동체의 관심사에서 벗어나지 않고, 끊임없이 질문을 던짐으로써 공동체에 위협이 될 수 있는 권력을 감시했다. 자동화 알고리즘의 결과물과 관련한 문제에 대해 저널리즘의 역할이 중요할 수 있는 이유다. 다만, 기술이 전개되는 과정을 감시하는 것은 접근의 어려움으로 인해 사실상 불가능하다. 기술의 결과물 역시 너무 복잡해지면서 일반 사람들이 이해하기 어렵다.

그러나 공동체의 대화 상대이자 촉진자로서 저널리즘이 공동체의 관심사를 대신하여 질문을 던질 수 있다. 이 결과물이 과연 공정한지 묻고 그 대답이 공정한지에 대한 판단을 시민들에게 물어볼 수 있다. 최소한의 원칙을 지킨다는 가정하에 저널리즘이 공동체의 관점에서 자동화 알고리즘의 결과물에 대해 알리고 그것이 가져올 수 있는 문제에 대해 질문하는 것이다. 이를 통해, 다양한 이해관계의 공동체 구성원들과의 대화가 끊임없이 이루어지도록, 저널리즘에 중재 역할을 맡겨볼 수 있을 것이다. 이는 자칫 권력화될 수 있는 기술을 견제하는 동시에 시민으로서 법과 제도의 방향을 이끌 수 있는 하나의 대안일 수 있다. 또한, 자동화 알고리즘의 결과물에 대한 불만이나 잘못됨을 느낀 시민들이 그 결과물에 대한 이의를 제기할 수 있는 통로와 방법이 불충분한 현 상황에서 이를 전달할 수 있는 하나의 수단으로 기능할 수도 있다.

워터게이트 특종으로 퓰리처상을 받은 칼 번스타인Carl Bernstein의 표현처럼 "기사는 최선을 다해 얻을 수 있는 진실의 한 조각getting the best obtainable version of the truth"[73]일 뿐이다. 그 한 조각이라도 얻기 위해 저널리스트들은 계속해서 질문을 해 왔다. 민주적 공동체의 관점에서 자동화 알고리즘 결과물들이 공정한지에 관해 묻고 답을 요구해야 기술에 대한 감시가 가능해진다. "인간은 자신이 관리하고 제어할 수 있는 수준으로 변화 속도를 결정하는 편이 더 낫다."[74] 그러기 위해서는 현재의 기술이 민주적 공동체의 대화를 저해하지 않도록 조정해야 한다. 질문하지 않으면 무엇이 잘못됐는지 모를 정도로 기술의 발전은 빠르다. 기술의 발전을 막을 필요도 없고 막을 수도 없다. 다만, 발전의 방향이 공정한지, 즉 편향되지 않았는지에 대해 끊임없는 감시가 필요하며 이를 위해 질문을 해야 한다.

　　기술의 발전에 따라 전문 직군으로서 저널리스트라는 경계는 무너져 내렸다. 특별한 기술적 훈련 없이도 다양한 디지털 도구들을 활용하여 누구나 뉴스 가치가 있는 정보들을 취재할 수 있고, 취재한 내용을 콘텐츠로 만들 수 있으며, 그 내용을 대중들에게 배포할 수 있다. 전문 직군으로서 저널리스트들이 독점적으로 누려왔던 정보에 대한 접근 권한도 SNS 등 직접 소통 채널의 증가와 인터넷 등을 통한 정보의 직접 공개로 인해 일반 시민들 역시 완전하지는 않지만 가질 수 있게 됐다. 시민들 누구나 저널리즘을 직접 수행할 수 있는 시대다. 자동화 알고리즘의 결과물에 대해 저널리즘의 원칙에 따라 누구나 질문을 던질 수 있다. 시민들은 이미 기존 언론과 저널리스트들의 관심에서 소외되어 있던 분야, 인물, 사건 등에 주목하면서 새로운 의제를 발굴, 우리 사회의 다양성을 증진하는 내용을 전달하는 등의 긍정적 역할을 하고 있다. 저널리즘의 원칙과 역할은 언론사나 전문적 저널리스트뿐만이 아니라 일반 시민도 수행할 수 있다.

저널리즘의 기술 감시 사례

자동화 알고리즘 결과물들을 대상으로 저널리즘의 감시는 현재 진행 중이다. 프로퍼블리카가 진행하고 있는 '기계 편향

machine bias'[75]이라는 제목의 연속 기획 보도가 대표적이다. 프로퍼블리카는 사람들의 실제 삶에 영향을 끼치는 알고리즘을 분석해 그 문제점을 밝혀내고 있다. 형량 선고 알고리즘의 인종 편향 문제, 페이스북 뉴스피드의 광고 타깃팅 문제, 아마존 가격 알고리즘 등을 다룬 일련의 보도를 이미 게재한 바 있다. 프로퍼블리카는 기사를 만드는 과정에서 기존 취재 방식에 더해 이전과 다른 탐사 보도 기법이나 기술도 적극적으로 활용한다. 취재를 위해 알고리즘을 짜기도 하고, 챗봇을 제작해 제보를 받기도 한다. 웹브라우저에서 쓸 수 있는 확장 프로그램을 제작하기도 했다.

이러한 과정은 프로퍼블리카 단독으로 이루어지지 않는다. 일반 시민들의 참여를 기반으로 기술에 대한 감시를 진행한다. 시민들이 기술 플랫폼을 활용하면서 가졌던 의문을 취재하고 그 의문을 기사를 통해 전달한다. 기사로 제기한 질문에 제대로 된 답을 구하기 위해 기술 플랫폼을 취재하고 일반 시민들의 자발적 참여를 통해 사례를 수집한다. 일상생활 속에서 접한 문제들이기에 시민들과 관련성이 굉장히 높아지고 자발적 참여 강도가 높아지면서 기사의 파급력도 높아지는 선순환 구조를 만들어 내고 있다. 그 결과 페이스북은 광고 타깃팅 알고리즘을 수정했고 아마존은 가격 정책을 변경했다. 시민들은 단순히 의문을 제기하고 사례를 제공한 것을 넘어 프로퍼블리카와 함께 기술 감시를 위한 기술 개발에도 참여했다.

　　프로퍼블리카에서 기계 편향 연속 보도를 이끌었던 줄리아 앵윈Julia Angwin이 현재 편집장을 맡은 더 마크업The Markup도 기술에 대한 감시를 목표로 하고 있다. 더 마크업은 기계학습 등 기술에 익숙한 프리랜서들과의 협업을 통해 거대 기술 기업들의 문제에 대한 감시를 진행하고 있다. 특히, 현재는 기술 기업들이 적용하고 있는 알고리즘들의 인종 편향에 대해 집중적으로 분석하고 있다. 페이스북의 타깃 광고 알고리즘의 문제,[76] 백인 검색 결과에서는 삭제되던 음란물이 유색인종 검색 결과에서는 삭제되지 않고 그대로 노출되는 구글의 검색 알고리즘 문제[77] 등에 대해 지적하고 이들의 실질적 변화를 끌어내기도 했다. 미국의 정치 전문 매체《폴리티코Politico》가 최근 출범시킨 프로토콜 미디어Protocol media[78]는 기술이 더 이상 산업이 아니라 전 세계적 권력의 원천이라는 관점에서 기술을 집중적으로 감시하고 있다. 프로토콜은 거대 기술 기업들과 정부 등 규제 기관의 충돌 속에서 기술이 일반시민들에게 미치는 영향에 관해 탐구하는 것을 목적으로 하고 있다.

　　2016년 설립된 매체인 악시오스Axios가 진행한 〈그들이 당신에 대해 알고 있는 것What they know about you〉 이라는 연속 기획 보도[79]도 대표적 사례 중 하나다. 여기서 그들은 거대 기술 기업들이다. 악시오스는 이 연속 보도를 통해 구글, 페이스북, 아마존, 테슬라, 병원 등이 수집하는 개인 정보가 무엇인지를 분석해 알렸다. 예를 들어, 〈아마존이 당신에 대해 알고 있는 것〉[80]이라는 기사를 통해, 아마존이 음성 인식 시스템 알렉사로 사람들의 대화를 엿듣고 있음을 밝혀냈다. 또한, 알렉사와 대화하는 내용만이 아니라 다른 사람들과 대화하는 내용들을 수집하고 있음을 확인했다며, 인공지능 스피커인 '에코'를 사용하지 않을 때는 반드시 전원을 끄라고 충고했다. 제시한 사례들은 모두 일반 시민들이 거대 기술 기업들에 잘 모르는 부분을 집중적으로 다루고 있다. 우리가 잘 모르는 가운데 작동하는 알고리즘, 자동화된 결정 등이 어떻게 이루어지고 있음을 밝히면서 그것이 우리 삶에 미치는 영향을 조명하는 것이다.

에필로그   자동화 시대의
          저널리즘

민주주의 사회는 의사 결정 시스템이 투명할수록 유지가 쉬워진다. 저널리즘은 그동안 권력의 의사 결정 과정을 감시해왔다. 하지만, 자동화 알고리즘 기술의 발전으로 우리 일상에서 자동화된 의사 결정 영역이 확대되고 있다. 자동화된 의사 결정 영역은 데이터의 폭발과 기술의 복잡함으로 인해 그 과정에 대한 감시가 어렵고 불가능한 경우도 있다. 잘 보이지 않는 그 과정보다 눈에 보이는 자동화 시스템의 결과물에 대한 감시가 더욱 중요할 수 있다. 기술의 과정은 보이지 않지만, 적어도 그 결과는 보이기 때문이다. 자동화 알고리즘의 결과물에 대한 감시를 통해 편향 등의 문제를 제기하고 이를 수정하도록 촉구할 필요가 있다. 이 글은 이러한 편향 등의 문제를 해결하기 위한 하나의 방안으로 저널리즘의 역할에 주목했다. 권력화 되는 기술을 감시하기 위한 한 방안으로서 저널리즘은 기능해왔고, 누구나 저널리스트가 될 수 있는 시기이기에 개개인의 역할이 더 중요해질 수 있기 때문이다.

인공지능 등 기술의 결정 과정을 투명하게 공개해야 한다는 주장이 제기되고 있지만, 어떻게 공개해야 하는지, 어디까지가 투명한 것인지 등에 대해 합의된 바는 없다. 또한, 내용을 공개해 봤자 보는 사람이 알지도 못하고, 공개한 사람들도 사실 잘 이해하기 어렵다. 알고리즘, 코드, 학습한 데이터의 복잡성, 난해성 때문이다. 기계가 점점 더 인간이 이해하기 어려운 방대한 양의 데이터를 학습 대상으로 삼고, 인간은 학습의 과정은 모른 채 결과만을 전달받고 있음을 고려하면, 투명성 논의는 기계 학습 및 인공지능 시대에 한계를 지닐 수밖에 없다.[81] 다만, 이러한 투명성 논의는 기술 내용물이 아니라 자동화 영역이 어디인지를 명확히 밝히는 방향으로 이루어질 필요가 있다. 알고리즘 팁스 사례에서와 같이 일반 시민들은 자동화된 결정의 영역이 어디인지도 모른 채 그 결정의 결과물만을 제공받고 있기 때문이다. 자동화된 결정이 이루어지고 있음을 먼저 인지해야 그 결정에 의문을 제기할 수 있다.

기술의 발전을 막을 수 없다면, 기술이 인간과 조화를 이루며 발전하는 방향으로 유도할 필요가 있다. 이를 위해서는 알고리즘 혹은 인공지능의 결과물들에 대해 끊임없이 감시하고 이를 보완 및 수정해 나가는 것이 필요하다. 또한, 감시, 수정 및 보완 주체들의 상호 존중을 바탕으로 한 협력이 필수적이다. 민주적 시민들을 공적 대화에 참여시켜 공동체의 유지, 발전을 도모하는 것은 저널리즘의 핵심 역할이다. 정책 결정권자, 알고리즘 등 기술의 설계자들, 연구자들, 일반 시민 등 모두가 협력해 문제를 해결하기 위해 함께 노력해야 한다. 이 또한 저널리즘의 핵심 역할이며 그 수행은 전문 직업군으로서 저널리스트뿐만 아니라 시민 모두가 가능하다.

실제로 인공지능 분야에는 현재 다양성 위기가 존재한

다.[82] 인공지능 콘퍼런스의 발표자 중 여성은 고작 18퍼센트이며, 인공지능 관련 교수 중 80퍼센트가 남자다. 페이스북의 인공지능 연구 직원 중 여성은 15퍼센트, 구글은 10퍼센트에 불과하다. 또한, 구글 직원의 2.5퍼센트만이 흑인이며, 페이스북과 마이크로소프트 역시 4퍼센트에 머무르고 있다. 인공지능 분야는 현재의 다양성 위기를 해결하기 위한 심층적 변화가 필요하다. 물론, '기술 분야의 여성women in tech'에 대한 지나친 강조는 오히려 '백인 여성'을 다른 무엇보다 우선시하는 경향으로 이어질 가능성이 있다. 단순히 이들의 채용을 확대하는 것은 인공지능 다양성 위기의 해결책이 아님이 자명하다. 조직의 문화, 권력 관계, 차별, 불공정한 보상 등 심층적 문제에 접근해야 한다. 인종과 젠더와 관련해 인공지능 시스템을 활용한 분류, 탐지, 예측 등은 인력의 다양성 측면에서 시급하게 재평가 받아야 한다. 이 또한 민주주의 공동체의 유지와 발전에 필수적인 다양성 구현을 위한 저널리즘의 감시 대상이다.

기술을 개발하고 만들어 나가는 사람들의 선의를 의심해서가 아니라, 데이터가 가진 편향, 이에 따른 의도하지 않은 결과가 미치는 부정적 영향을 방지하기 위해 감시가 필요하다. 기술은 계속해서 데이터를 수집해 우리가 알 수 없는 방향으로 진화해 나가고 있으며, 나보다 데이터가 없으면 말을 하지 말라는 식으로 인간을 위협해 나갈 것이다. 데이터에 대해 모르거나, 애써 모른 척 한 채 데이터가 지배하는 사회를 지켜보고 있는 것이 현실이다. 일각에선 지금까지의 과학이 설명하지 못했던 현상도 데이터를 통해 설명이 가능하다는 주장이 나오고 있다. 전통적인 사회 과학과 저널리즘은 이런 상황에서 무엇을 제시할 수 있을 것인가에 관한 연구와 관심이 필요하며, 그 시작은 질문이다. 자동화 사회 속 우리 대부분은 기술의 정확한 원리를 이해하지도 못한 채 빠르고 편리하고 안전하다는 이유로 비판과 질문 없이 받아들이게 하고 있다.

비판과 질문이 사라지면 권력은 은밀하게 부도덕해진다. 만드는 사람도 이해 못 하는 기술의 최종 결과물들을 공동체의 관점에서 검토할 필요성이 있으며, 이를 위해서는 그 과정과 결과가 정당한지 끊임없이 질문하고 비판적으로 분석해야 한다. 물론, 저널리즘만이 중요한 역할을 해야 한다고 주장하는 것이 아니다. 앞서 제시한 대응 사례들과 같은 다양한 실천적 방안들이 같이 논의되고 실행되어야 한다. 저널리즘이 그동안 수립해 온 원칙들은 자동화 알고리즘 결과물에 대한 감시의 기준으로 적용될 수 있다. 이러한 관점에서 다양한 방안들과 함께 하나의 실천적 방안으로서 저널리즘의 역할을 강조한 것이다. 또한, 법규제의 방향과 기술의 방향이 충돌하는 상황에서 일반 시민의 관점으로 중재의 역할을 할 수 있다.

기술의 발전 방향을 쉽게 예측할 수는 없으므로, 어떠한 문제가 앞으로 나타날 것인지를 단언하기는 어렵다. 이 글은 현재 시점에서 드러나고 있는 문제를 해결하기 위한 하나의 방안과 역할을 제시하고 있을 뿐이다. 저널리즘의 위기 상황에서 다시 저널리즘의 의미에 주목한다. 저널리즘의 역할 외에도 기술 개발자와 연구자, 법 제도 연구자, 시민 사회 및 단체, 정부와 기관 등 다양한 분야의 역할도 중요하다. 이들 모두가 공동체 구성원으로서 함께 노력해야 현재 드러나고 있는 문제들을 최소화하면서 기술이 주는 혜택을 누릴 수 있을 것이다.

주

1 _ Citron. D.K., 〈Technological due process〉, 《Washington University Law Review》, 2007., pp. 1249-1313.

2 _ 루크 도멜(노승영 譯), 《만물의 공식 The Formula: How Algorithms Solve All Our Problems》, 반니, 2014., 272쪽.

3 _ 버지니아 유뱅크스(김영선 譯), 《자동화된 불평등 Automating Inequality: How High-Tech Tools Profile, Police, and Punish the Poor》, 북트리거, 2018.

4 _ 어제이 애그러월·조슈아 개스·아비 골드파브(이경남 譯), 《예측 기계: 인공지능의 간단한 경제학 Prediction Machines: The Simple Economics of Artificial Intelligence》, 생각의 힘, 2019.

5 _ 페드로 도밍고스(강형진 譯), 《마스터 알고리즘: 머신러닝은 우리의 미래를 어떻게 바꾸는가 The master algorithm: How the quest for the ultimate learning machine will remake our world》, 비즈니스북스, 2016.

6 _ Samuel, A. L., 〈Some studies in machine learning using the game of checkers〉, 《IBM Journal of Research and Development》, 1959., pp. 210-229.

7 _ 김영주·오세욱·정재민, 《로봇 저널리즘: 가능성과 한계》, 한국언론진흥재단, 2015.

8 _ Jeff Horwitz et al., 〈The Facebook Files〉, 《월스트리트저널》

9 _ 이재현, 《디지털 문화》, 커뮤니케이션북스, 2013.

10 _ Innis, H., 《Empire and communications》, Clarendon Press, 1950.

11 _ Hepp, A., Hajarvard, S., and Lundby, 〈Mediatization: Theorizing the interplay between media, culture and society〉, 《Media, Culture & Society》, 2015., pp. 314-324.

12 _ Couldry. N. and Hepp, A., 〈Conceptualizing Mediatization: Contexts, Traditions, Arguments〉,《Communication Theory 23》, 2013., pp. 191-202.

13 _ Lefebvre. H., 〈Rhythm analysis: Space, time and everyday life〉,《The Journal of Architecture》, 2004.

14 _ 제이 데이비드 볼터(이재현 譯),《재매개: 뉴미디어의 계보학 Remediation: Understanding new media》, 커뮤니케이션북스, 2006.

15 _ Manovich. L.,《Software takes command》, Bloomsbury, 2013.

16 _ 오세욱·이재현, 〈소프트웨어 '페이스북'의 알고리즘 분석: 행위자 네트워크 관점〉,《언론과 사회》, 2013., 136-183쪽.

17 _ Kay. A., 〈Computer software〉,《Scientific American》, 1984., pp.41-47.

18 _ Manovich. L. 〈Inside Photoshop〉,《Computational Culture: A Journal of Software Studies》, 2011.

19 _ Kitalong. K. S., 〈Remembering dinosaurs: Toward and archaeological understanding of digital photo manipulation〉,《Small tech: The culture of digital tools》, University of Minnesota Press, 2008., pp. 38-47.

20 _ Stein. J., 〈Photoshopped images: The good, the bad and the ugly〉,《Los Angeles Times》, 2009. 8. 2.

21 _ Mackenzie. A., 〈Protocols and the irreducible traces of embodiment: The Viterbi Algorithm and the mosaic of machine time〉,《Time and Temporality in the Network Society》, Stanford University Press, 2007., pp. 89-106.

22 _ Kowalski. R., 〈Algorithm = Logic + Control〉,《Communications of the ACM》, 1979., pp. 424-436.

23 _ Boyd, D. and Crawford, K., 〈Critical questions for big data: Provocations for a cultural, technological, and scholarly phenomenon〉, 《Information Communication & Society》, 2012., pp. 662-679.

24 _ Google 검색 안내 페이지 중 "검색 알고리즘의 원리"

25 _ Dean, B., 〈Google's 200 Ranking Factors: The Complete List (2021)〉, 《BACKLINKO》, 2021.10. 10.

26 _ Álvaro, S., 〈The power of algorithms: How software formats the culture〉, 《CCCB LAB》, 2014.

27 _ Levy, P., 〈Algo-medium〉, 《Pierre Levy's Blog》, 2015.4.14.

28 _ Hansen, M. B. N., 《Feed-forward: Twenty-first-century media》, The University of Chicago Press, 2015.

29 _ 이재현, 〈피드-포워드: 21세기 미디어, 화이트헤드, 포스트-현상학〉, 《사이버커뮤니케이션학보》, 2016., 201-237쪽.

30 _ 한국편집기자협회, 《세상을 편집하라. 신문 편집의 이론과 실제》, 헤럴드미디어, 2011.

31 _ Rajaraman, A., Ullman, J. D., and Leskovec, J., 《Mining of massive datasets》, Cambridge University Press, 2012.

32 _이민웅, 〈좋은 뉴스의 으뜸가는 조건으로서 진실 보도-사실, 사회적 구성, 진실 보도, 재귀성(reflexivity)〉, 《언론과사회》, 2002., 9-51쪽.

33 _ 미국 제스트 에이아이(Zest AI)사가 제공하는 대출 금리 자동 결정 솔루션의 상품 설명.

34 _ Morozov. E., 〈Don't be evil〉, 《The New Republic》, 2011.

35 _ Gillespie. T., 〈The relevance of algorithms〉, 《Media technologies: Essays on communication, materiality, and society》, The MIT Press, 2014., pp. 167-194.

36 _ 브뤼노 라투르(홍철기 譯), 《우리는 결코 근대인이었던 적이 없다 (Nous n'avons jamais été modernes)》, 갈무리, 1991.

37 _ Marino. M. C., 〈Critical Code Studies〉, 《Electronic book review》, 2006. 12. 4.

38 _ 오세욱, 〈저널리즘과 알고리즘의 융합에 대한 탐색적 연구〉, 《사이버커뮤니케이션 학보》, 2016., 51-101쪽.

39 _ Hao. K., 〈This is how AI bias really happens—and why it's so hard to fix〉, 《MIT Technology Review》, 2019. 2. 4.

40 _ Jones-Rooy. A., 〈I'm a data scientist who is skeptical about data〉, Quartz, 2019. 7. 24.

41 _ Holstein. K. et al., 〈Improving fairness in machine learning systems: What do industry practitioners need?〉, arXiv:1812.05239 [cs.HC], 2019.

42 _ Ananny. M., 〈Toward an Ethics of Algorithms Convening, Observation, Probability, and Timeliness〉, 《Science, Technology & Human Values》, 2016., pp. 93-117.

43 _ Matthew. K., Matuszek. C. and Munson. A. S., 〈Unequal Representation and Gender Stereotypes in Image Search Results for Occupations〉, Proceedings of the 33rd Annual ACM Conference on Human Factors in Computing Systems, ACM, 2015.

44 _ Bolukbasi. T. et al., 〈Man is to Computer Programmer as Woman is to Homemaker? Debiasing Word Embeddings〉, arXiv:1607.06520 [cs.CL], 2016.

45 _ Wagner. C. et al., 〈It's a man's Wikipedia? assessing gender inequality in an online encyclopedia〉, International AAAI Conference on Web and Social Media (ICWSM2015), 2015. 5. 26-29.

46 _ Ge. Y. et al., 〈Racial and Gender Discrimination in Transportation Network Companies〉, 《NBER Working Paper》, 2016.

47 _ Benjamin. G. E. and Michael. L, 〈Digital Discrimination: The Case of Airbnb. com〉, 《Harvard Business School NOM Unit Working Paper》, 2016.

48 _ Mitchell. A. & Diamond. L., 〈China's Surveillance State Should Scare Everyone〉, 《The Atlantic》, 2018. 2. 3.

49 _ Buolamwini. J. and Gebru. T., 〈Gender Shades: Intersectional Accuracy Disparities in Commercial Gender Classification〉, Proceedings of Machine Learning Research, 2018.

50 _ Angwin. J. et al., 〈Machine Bias: There's software used across the country to predict future criminals. And it's biased against blacks〉, 《Propublica》, 2016. 5. 23.

51 _ Oswald. M. et al., 〈Algorithmic risk assessment policing models: lessons from the Durham HART model and 'Experimental' proportionality〉, 《Information & Communications Technology Law》, pp. 223-250.

52 _ Mitchell. A. & Diamond. L., 〈China's Surveillance State Should Scare Everyone〉, 《The Atlantic》, 2018. 2. 3.

53 _ Hannak. A. et al., 〈Measuring Price Discrimination and Steering on

E-commerce Web Sites〉, Proceedings of the 14th ACM/USENIX Internet Measurement Conference(IMC'14), 2014.

54 _ Hao. K., 〈This is how AI bias really happens—and why it's so hard to fix〉, 《MIT Technology Review》, 2019. 2. 4.

55 _ Narayanan. A.,〈Tutorial: 21 fairness definition and their politics〉, Presented at ACM FAT(Fairness, Accountability and Transparency) Conference, 2018.

56 _ Verma. S. and Rubin. J., 〈Fairness definitions explained〉, FairWare '18: Proceedings of the International Workshop on Software FairnessMay, 2018., pp 1-7.

57 _ 이재현,《디지털 문화》, 커뮤니케이션북스, 2013.

58 _ Boyd. D. and Crawford. K., 〈Critical questions for big data: Provocations for a cultural, technological, and scholarly phenomenon〉, 《Information Communication & Society》, 2012.

59 _ Corbett-Davies. S. and Goel. S., 〈The Measure and Mismeasure of Fairness: A Critical Review of Fair Machine Learning〉, arXiv:1808.00023 [cs.CY], 2018.

60 _ Weinberger. D., 〈Playing with AI Fairness〉, What-if-tool on Github.

61 _ Group Unaware(데이터 속성 중 성, 연령 등 특정 집단 식별 불가), Group thresholds(인간의 역사 편향성을 반영해 가중치 조정), Demographic parity(데이터 내 남성 여성 비율을 동등하게 조정), Equal opportunity(예를 들어, 대출 데이터에서 남성과 여성이 대출을 받을 수 있는 확률을 동등하게 조정), Equal accuracy(예를 들어, 대출 상환 가능성에서 여성이 낮게 나오는데 이를 성 특성을 배제하고 조정함) 등이다.

62 _ Pessach. D. and Shmueli. E., 〈Algorithmic Fairness〉, arXiv:2001.09784 [cs. CY], 2020.

63 _ United States H. R., 〈Algorithmic Accountability Act of 2019〉, 116th CONGRESS 1st Session, 2019.

64 _ MacCarthy. M., 〈An Examination of the Algorithmic Accountability Act of 2019〉, A working paper of the Transatlantic Working Group on Content Moderation Online and Freedom of Expression, 2019.

65 _ Generation R, 〈Ethics Analysis of Predictive Algorithms: An Assessment Report for Technical Safety BC〉, Technical Safety BC, 2018. 2. 8.

66 _ Fink. K., 〈Opening the government's black boxes: freedom of information and algorithmic accountability〉, 《Information, Communication & Society》, 2018., pp. 1453-1471.

67 _ Algorithm Tips(algorithmtips.org) - Resources and leads for investigating algorithms in society.

68 _ Wachter. S., Mittelstadt. B. and Russell. C., 〈Counterfactual Explanations without Opening the Black Box: Automated Decisions and the GDPR〉, arXiv:1711.00399 [cs.AI], 2017.

69 _ McCue. M., 〈It's Time to Put Journalists in Charge of the Algorithms〉, 《Medium》, 2018. 1. 26.

70 _ Kelly. K., 《THE INEVITABLE: Understanding the 12 Technological Forces that Will Shape Our Future》, VIKING, 2016.

71 _ 위키피디아에서 검색한 저널리즘의 정의.

72 _ 조항제, 〈공정성이란 무엇인가: 사실이나 주장에서 호혜적 떳떳함을 잃지 않아야〉, 《신문과 방송》, 2020. 2., 11~15쪽.

73 _ 2017년 5월 8일 예루살렘 프레스 클럽 개최 'The Freedom of the Press' 콘퍼런스 연설 내용 "Best Obtainable Version of the Truth." 중 일부.

74 _ Barrat, J. (2013). Our Final Invention: Artificial Intelligence and the End of the Human Era. New York: St. Martin's Press. 정지훈 (역) (2016). 〈파이널 인벤션: 인공지능 인류 최후의 발명〉. 서울: 동아시아.

75 _ 'Machine Bias' Series of ProPublica

76 _ Angwin. J., 〈Facebook Quietly Ends Racial Ad Profiling〉, The Markup, 2020. 8. 29.

77 _ Angwin. J., 〈Can Big Tech Fix Its Racist Algorithms?〉, The Markup, 2020. 7. 25.

78 _ Protocol.com

79 _ Hart. K., 〈What Axios knows about you〉, Axios, 2019. 6. 5.
이 연속 기획보도의 마지막은 "악시오스가 당신에 대해 알고 있는 것"이었다.

80 _ Fried, I., 〈What Amazon knows about you〉, Axios, 2019. 5. 2.

81 _ 오세욱·이소은·최순욱, 〈기계와 인간은 커뮤니케이션할 수 있는가? : 기계학습을 통해 본 쟁점과 대안〉, 《정보사회와 미디어》, 2017., 63-96쪽.

82 _ West. S,M., Whittaker. M. and Crawford. K., 〈Discriminating Systems: Gender, Race and Power in AI〉, AI Now Institute, 2019.

북저널리즘 인사이드   인간을 닮은 기술

유튜브를 장기간 소비하다 보면 다음 동영상이 자동 재생되어도 의식하지 못하는 수준에 이른다. 습관적으로 홈 화면에서 스크롤을 내리다 취향에 맞게 정렬된 동영상 중 하나를 선택한다. 원하지 않는 동영상은 추천하지 않도록 손쉽게 설정할 수 있지만, 새롭게 보고 싶은 영상이 있다면 찾아서 봐야 한다. 비슷한 영상이 추천 목록에 뜨도록 만들려면 관련 영상을 일정 기간에 걸쳐 여러 개 봐야 한다. 간혹 추천 경로나 이유를 알 수 없는 동영상이 나왔을 때 너무 재미있거나 유익하다면 우리는 '킹고리즘'을 외친다. 요컨대 알고리즘에 감탄하는 것은 계량화할 수 없는 취향을 저격 당했거나 새로이 즐길 무언가를 제시했을 때다.

추천은 양가적이다. 옷 가게 점원의 판매 방법을 생각해보자. 보통 고객의 스타일을 파악하여 유사한 옷을 꺼낸 뒤 "이것도 잘 어울리실 것 같아요"라는 말과 함께 제시한다. 한편 고객이 시도해보지 않았을 법하지만, 점원이 추구하는 감각에 맞거나 유행인 옷을 꺼내며 "이런 건 어때요?"라고 할 수도 있다. 익숙한 것과 새로운 것의 차이다. 알고리즘은 미디어 영역에서 명목상 두 종류의 추천을 모두 수행하지만 후자는 쉽게 일어나지 않는다. 추천을 기대하는 심리에서 후자가 차지하는 영역은 적지 않다. 춤에 하나도 관심 없던 시청자가 우연히 댄스 경연 TV 프로그램을 보고 댄서 출연자의 팬이

되어 "이 프로가 아니었다면 당신을 영영 몰랐을 것"이라고 반응하는 것은 일반적이다.

기술 발전은 개인주의를 수월하게 했다. 인간은 기술이 세분화된 사적 취향을 일정 수준 고려해 준다는 이유로 커뮤니케이션의 단절과 고립을 용인했다. 세밀한 취향이 맞는 친구는 온라인에서 더 쉽게 사귈 수 있지만 현실 세계는 그 커뮤니티의 구성원으로만 채울 수 없다. 실재는 갈등의 연속이다. 나와 다른 사람을 마주치고 갈등하고 이해하는 과정에서 사회적 성숙이 이루어진다. 편향된 정보로 구축한 세계관은 건강한 파편화가 아닌 부족주의를 낳는다. 이미 일상의 상당 부분이 미디어에 종속된 현대인에게, 모사된 표상은 실재에 버금간다. 자동화된 미디어 기술이 현실 세계에서 우리가 맞닥뜨려야 하는 정보를 선제적으로 배제하는 것이 무서운 이유다.

알고리즘이라는 거대한 지식 논리의 작동을 위해 우리가 제공한 정보는 차갑게 계량화된다. 수치화할 수 없는 숱한 가치가 우악스럽게 숫자로 해부되어 불편한 범주화가 이루어진다. 인간은 장기 조각과 신체 조직을 사후 조합하여 만들어낼 수 있는 것이 아니다. 과학의 엄청난 발전으로 거기에 생명을 불어 넣는다 한들 한 사람의 가치는 그간의 기억과 언행, 남들 기억 속의 모습일 것이다. 알고리즘이 구현한 표상은 적당히 그럴듯하면서 어딘지 모르게 메스껍다. 알고리즘은 알면서 덮어두는 일이 없이 우리 몸속의 장기를, 인간 사회의 편향과 과오를 천진하게 꺼내 보인다.

적당히 비슷한 옷을 추천해주는 점원 혹은 화장실까지 따라 들어오는 불편한 파파라치는 인간 사회의 다양한 분야에서 나름의 순기능을 한다. 그러나 우리에게 미래를 보여주진 않는다. 알고리즘이 구현한 가상 세계는 우리가 고민하고 씨름해야 할 문제를 던지는 저널리즘의 영역에서는 구분될 필요가 있다. 기계적 분석이 내놓은 결과는 통찰과 전망이라 부를 수 없다. 인간을 닮은 기술이지만 결코 인간일 수는 없기 때문이다.

이현구 에디터